意义的力量

韩明文 ● 著

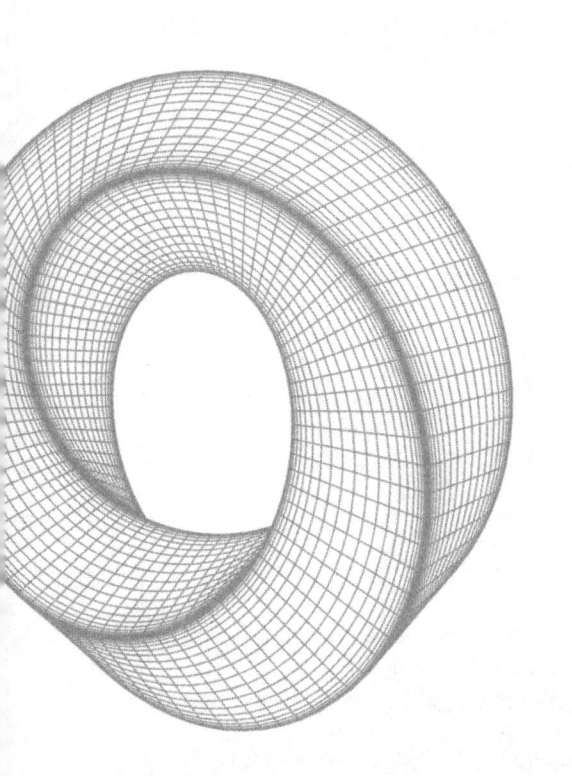

北京时代华文书局

图书在版编目（CIP）数据

意义思考的力量 / 韩明文著 . — 北京：北京时代华文书局，2021.6
ISBN 978-7-5699-4081-7

Ⅰ . ①意… Ⅱ . ①韩… Ⅲ . ①思维方法 Ⅳ . ① B804

中国版本图书馆 CIP 数据核字（2021）第 076819 号

北京市版权著作权合同登记号　图字：01-2020-5812

本书经城邦文化事业股份有限公司商周出版事业部授权，同意经四川一览文化传播广告有限公司代理，由北京时代华文书局有限公司出版中文简体字版本。非经书面同意，不得以任何形式任意重制、转载。

意 义 思 考 的 力 量
YIYI SIKAO DE LILIANG

著　　　者	韩明文
出 版 人	陈　涛
策划编辑	张超峰
责任编辑	张超峰
装帧设计	程　慧　段文辉
责任印制	訾　敬

出版发行｜北京时代华文书局 http://www.bjsdsj.com.cn
　　　　　北京市东城区安定门外大街 138 号皇城国际大厦 A 座 8 楼
　　　　　邮编：100011　电话：010-64267120　64267397
印　　刷｜三河市嘉科万达彩色印刷有限公司　电话：0316-3156777
　　　　　（如发现印装质量问题，请与印刷厂联系调换）

开　　本	880mm×1230mm　1/32	印　　张	6.5	字　　数	171 千字
版　　次	2021 年 11 月第 1 版	印　　次	2021 年 11 月第 1 次印刷		
书　　号	ISBN 978-7-5699-4081-7				
定　　价	48.00 元				

版权所有，侵权必究

前言
从基本找寻力量

我一直相信：思考最基本的问题，将得到最有力量的答案！

我想你一定听过"创意思考"或是"逻辑思考"的观念与技巧。但是，我想你应该没有听过意义思考。我相信，如果你能通过本书学习到一些意义思考的相关知识与能力，它将成为你这辈子最有力量的武器！

故事是这样开始的。1997年夏天，我结束了位于科学园区的工作，从新竹来到台北，趁着自己年纪尚轻，还有本钱任性的时候，应征心目中的梦想工作：广告公司文案。

因为工作背景太过悬殊，一下子从遵循SOP（Standard Operating Procedures，标准作业程序）的科技产业，跳到追求无框创意的广告公司，创意总监在难以确认我是否能够胜任文案工作的情形下，出了三个问题进行笔试测验。而回答这三个问题，却意外地开启了我之后长达二十年的意义思考之旅，以及促成本书的诞生。

创意总监面试时，在便笺纸上写的三个题目是：你是什么？美丽是什么？快乐是什么？

在广告公司工作期间，我逐渐体会到："好的创意最终将等同于策略"，也就是要达到"既合乎逻辑且出人意料"的境界。策略不只是教科书所提及的合纵、连横，或是水平、垂直等模式，也是在不断思考想法本质与"意义"的过程中发现的那个深刻洞察。

那年，我在广告公司其实没有学到太多东西，其中一件最重要的生存技巧就是意义思考能力，而它是学校教育从来不教，甚至从来不曾提及的大事情。我个人觉得，意义思考是在所有人类的思考活动中"应注意而未注意"的一项最重要能力。

这是一本关于沟通方面的书籍，也讨论如何进行有效创新，有些内容也与营销策略相关，虽然面向广泛，但是本质上就是探讨如何进行思考。毕竟，思考才是诞生一切事物的源头。意义思考是建构任何想法时的必备工具，也是人类大脑中极上层的思维能力。

当然，本书不是拿来保健养生之用。阅读本书，你将能获得以下实质利益：

- 沟通时切中核心，消除无效内容，将想法化繁为简。
- 让别人完全听懂你的想法，并且直接命中要点。
- 进行内外部提案时，发展出有效的提案策略。
- 创业时，预测新想法的可行性。
- 让想法更具有说服力，并且能进一步收服人心。
- 进行破坏式创新，不再按常理出牌，甚至颠覆既有的产业模式。
- 提升工作效率，减少规划时绕远路，或是整个砍掉重练的机会。

意义思考的好处真的太多，只有你阅读后才能亲身体会。我相信，对大多数人而言，意义思考是一片未曾探索过的大海，而一旦拥有这个能力，你的世界就会因此变得辽阔起来！

以下你即将阅读的内容是我十余年在上百场企业培训中淬炼而出的知识想法与实务案例。如果这些经验能让读者在忙于工作与滑动手机的空当中，重拾曾经体验过的阅读乐趣与幸福感，将是身为作者的我最开心的事！

从此刻开始，让我们一窥意义思考的内涵。它是任何规划活动里的秘密花园，也是我一生中至今学习到的、关于规划程序中最重要的事情。我们一起来探索意义思考吧！

目录

第1章 意义思考的意义

意义思考是创造力、逻辑力之外的"第三种思维"。
一切事物的前期规划都需要使用这种能力才能与众不同。

什么是你的"起手式"？ 002
拥有意义思考能力的多重好处 006
别为了"速度"，失去了"高度" 016

第2章 有效的沟通模式

意义思考只需要凭借"一句话"，就能让对方听透到底。
意义思考是一种微信息，同时也是最关键信息。

信息爆炸时代的沟通问题 028
让想法具有预见力 033
针对高阶主管的沟通模式 037

第3章 想法的建构模式

搜集信息只能丰富内容,整理想法只能让人理解,唯有进行意义思考,让所有元素在一个"独特观点"之下展开,才能产生说服力。

一切从最根本开始　046
思考与行动的先后顺序　053
成为双峰工作者的必要工具　058
三种说服力沟通层级　063

第4章 意义思考的实际操练

事情要有点难度,生活才会有乐趣。
进行意义思考时,不要急于找到答案,没有经过一番寒彻骨,得到的也不会是最佳答案。

意义思考的内在条件　074
意义思考的发展阶段　079
意义思考的失败与成功　085

第5章　意义思考的公式与练习

本章内容从实务演练与案例搜集之中,归纳出九种意义思考最可能出现的方向。

内容包括更高一阶、衔接至下一个阶段、关键时刻、重新定义、采取不同分类、历史中的独特性、最后一块拼图、重中之重,以及多方交集。

掌握公式,胜过盲修瞎练　102
不要短视近利,忽视基本功　134

第6章　意义思考的判断原则

意义思考不是在"正确"或"错误"之间做出选择,而是在"好"与"不好"之间做出判断。

卓越的意义思考需具备的条件　144
意义思考的决策者影响力　152

第7章 意义思考对简报技巧的影响

意义思考除了对于前期构思有所帮助，对接下来的上台表达、简报制作、口语练习，以及异议处理等流程，都能提供莫大帮助。

确认是否做好简报前的作业　164
意义思考让你扮演好演示者的角色　167
意义思考让简报更容易被理解　170
意义思考有助于人际沟通　172
意义思考有助于口语表达　175
意义思考有助于演示者养成自信　178
意义思考有助于应对他人的提问与异议　181
意义思考有助于提升说故事的能力　184
意义思考有助于上台前的简报练习　186
意义思考有助于呈现简报的完整性　188
意义思考有助于信息的二手传播　191

后记　195

第1章

意义思考的意义

- 意义思考是创造力、逻辑力之外的"第三种思维"。

- 一切事物的前期规划都需要使用这种能力才能与众不同。

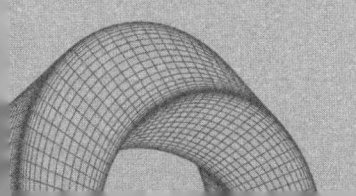

什么是你的"起手式"?

想让自己成为更好的规划者吗?那要先看看你规划时都在忙些什么。

试想以下场景。某天,当你转换工作跑道后,准备到新公司报到。主管事前通知你,需要在下星期的部门例会中进行五分钟新人自我介绍。而你打算在某个周末午后,构思上台时要说明的内容。

此时,你打算进行的第一个动作是什么?是闭上眼睛开始回忆过往人生的点点滴滴,接着拿出纸笔,记录下自己觉得值得一说的特殊经历,还是打开简报软件,随兴敲下一些想法,先将幻灯片塞好塞满之后,再进行后续想法整理?

本书告诉你,不论采取随兴记录想法,或是直接打开PPT,上述两种做法都是建构想法时的错误方式。意义思考的观念认为:你首先应该做的事情,就是放下纸笔,合上笔记本电脑,认真思考一个本质性的问题:"我,究竟是一个怎么样的人?"

"基本功"能带来好结果。越基本的东西往往越重要,但是人们总是习惯忽略基本。意义思考如同空气般普遍存在，但是大多时候你却完全感觉不到。与意义思考概念相关或类似的同义词包括想法主轴、本质思考、溯因思考、核心概念、一句话、提案策略、定义能力、The Vague Idea（模糊想法）、Core Concept（核心概念）等。然而意义思考的"意义"是什么？

如果以最简单的文字表达：意义思考是一概而论的能力。它强调规划一切事物必须"回到想法原点"，进行本质性的探索，之后再向下展开一切，是"让所有内容之间具有想法关联性"的思考能力。

意义思考的关键词

根据上述定义，说明意义思考的关键词如下：

关键词一：回到想法原点
意义思考不是依据市场主流趋势、专家看法，或是世俗定见来创作内容，而是凭借自己对于事物、想法、服务、产品的本质性，进行源头式的独立思考。意义思考是一种从头想起的能力，愿意把自己放在很低的位置，去问一些基本问题。经过这个思考过程，事情的本质才能够变得清楚明了。

关键词二：让所有内容之间具有想法关联性
意义思考强调，沟通者不仅要找出想法之间的分类关系，更要为所有内容建立起整体、垂直、水平等三种逻辑性，才算构成一个完整体系。"分类概念"仅着重于上下阶层的母子关系，而意义思考除了考虑整个"家庭"的连接之外，也要顾及横向联系的"手足"之情。

系统大于局部的总和，整体比起集体数量更为重要。意义思考是综观全局的能力，它是一种能以整体看待局部总和的智慧。意义思考强调"一念之间"，是将所有大大小小的细节，收摄于一种因果关系的技巧。简单来说，意义思考就是通过穿透事物本质，再将所有构成元素进行"一体成形"的思考能力。

真枪实弹胜过文字打转

意义思考强调沟通者必须找出一句穿透本质的话，去涵盖所有内容，以期完成一趟有效的沟通之旅。但是，它并不是文案能力，也不是下标、找出Slogan（广告语），或是营销话术。意义思考不是想法完成后的修辞学或是包装语汇，它是回到想法原点进行彻底思考，让一切内容不再只是所有元素的总和。

文案能力是向外附加的点缀技巧，如同涂脂抹粉般的化妆术，它经常利用框架技法，选择站在对自己有利的角度看事情，或是以换句话说的方式产生说服力。文案是想法成形之后，所进行的拉皮动作或是漂亮收尾；意义思考则是向内发现的过程，如同穿破岩石找出钻石的能力。

意义思考在构思想法之前，文案力在构思想法之后。以销售商品为例，文案力是先决定要贩卖瓶装水之后，再利用优美词语强调水质如何清新透凉或是口味甘甜。而意义思考认为：所有市售瓶装水在"本质"

第1章　意义思考的意义

上其实差异不大，与其同中求异、追求文字包装，倒不如在选择销售商品时先思考：这个商品值得开发吗？瓶装水代表的"意义"是什么？为什么要喝瓶装水？

意义思考不是在字里行间中打转，也不是玩些文字游戏。意义思考追求的是真枪实弹，目的在于找出想法之中他人所未曾发现的真实内涵。

人们表达想法时，经常觉得自己词不达意，或是感觉言语中好像少了什么，但是又很难具体言之。如果我们能发现事物本质，并且明确说出其中代表的"意义"就会发现：原来，这才是自己内心一直在找寻的真实想法。

思考更胜于表达，因为口才是思考的延续，而非嘴巴的作用。如果你懂得意义思考，沟通就能轻易切中重点。此时，你将发现说服力并不是"能把死的讲成活的"的能力，而是只要能把话讲得更正确，就能更有说服力！

拥有意义思考能力的多重好处

为什么你要培养意义思考能力，甚至让它成为一辈子的追求？因为所有的问题几乎都是人的问题，而人的问题几乎都是沟通的问题。意义思考能把纷杂混乱的内容，转变成清净整齐的组合。让两个不同大脑的沟通，从原本的曲折离奇变成直来直往。拥有这种想法变现的能力，才能让别人知道你脑袋里到底在想些什么。

意义思考是一种整理想法的技术，也是一种掌握重点的能力。它是让别人听懂你想法的关键。如果拥有这种能力，你可以获得以下好处。

好处一：化繁为简

不论任何形式的沟通，都有一个共同目标：寻求以最少内容达成最大效果。如果表达者提供过多数据，就会导致内容无法消化，最后让人思考停滞、无法决策。过度详细将导致一头雾水。复杂是所有沟通场合中最普遍存在的问题。

复杂，其实不难，它比简单更为简单。复杂只需要以时间去累积素材，而简单却需要更多时间去穿透本质。复杂只有单纯的想法发散这一过程，但是简单则需要经历先发散、后收敛这两道程序。

一切沟通的复杂感，来自以下两个原因：一、衍生性的复杂；二、数量上的复杂。衍生性的复杂属于见解错误的问题，规划者认为复杂才代表在做事。在很多人的思维里，复杂就意味着用心，而用心就意味着有前途。数量上的复杂来自让观众同时看到太多细节，却看不见"部分"与"整体"之间的连接关系。面对纷至沓来的想法时，就必须利用意义思考作为化繁为简的工具，才能同时解决上述两个沟通难题。

成功的沟通来自正确的舍弃。变少，才能变得更好。如何才能简化事物，做到见好就收、该放就放？如何让信息更有效率地进入他人的脑海？要让信息从"厚重冗长"转换为"轻薄短小"，依据舍弃内容的判断基准，可区分为低阶简化与高阶简化两种做法。

低阶简化法是以个人喜好及主观感受作为删除基准。只要自己觉得看不顺眼，或是认为内容对于沟通帮助不大，就直接删除。低阶简化带着随机、凭感觉的成分进行化繁为简，这也是多数人采取的简化法。

高阶简化法是以事情的意义思考作为删除基准。强调沟通者必须先穿透事情的"本质"，再以"想法意义性"作为划分数据取舍的界线，再将与"意义"相关的部分保留下来，将导致内容不顺畅的部分予以删除。高阶简化法带着"视野高度"化繁为简。它利用意义思考进行想法抽象化，为所有内容找出一个共同概念。

低阶简化法采取"随机""随性""随缘"的方式删除多余元素。以这种做法进行简化，会让内容变得肤浅，而且内容之间的组合不会因为数量减少而变得更有组织性。相反，这种做法会让原本的想法变得更加支离破碎，处于一种"精神分裂"状态。

至于高阶简化法则利用意义思考找出相关内容，再去除与"意义"不相关的杂枝杂叶。采取这种做法，当内容数量减少之后，得到的将是一个更完整的全体。

夹山禅师曾言："龙衔海珠，游鱼不顾。"化繁为简就是把少数重点抓住，其他部分不必分神。意义思考是沟通者首先要掌握的海珠，它为一切想法建立删除界线。当事物的"意义"产生时，就决定了你要说些什么，而一旦决定了要说些什么，也就决定了不说什么。

简化不是直接删除多余元素，而是先划分"相关"与"不相关"的界线。以意义思考建立想法的停损点，接着再区分出"主见"与"边见"，才能为无关的内容建立退场机制。

想要简化事物，就要删除无效元素，想要删除无效元素，就要先组织内容。当复杂事件经过组织程序，再将与主轴不相关的部分剔除，这就是所有事物化繁为简的普遍性法则。

好处二：弹性沟通

任何形式的沟通，都必须突破两个共同难题：一、时间长度限制；二、掌握多元目标对象各自不同的沟通需求。如何依据外在环境变化，让沟通时间与沟通对象变得更有弹性？如果你能掌握意义思考这个工具，就能同时解决以上两个问题。

难题一：突破时间限制

在商业环境中，只有少数场合能够不受时间因素限制，大多数的沟通必须考虑时间成本。表达者要能突破时间限制，并不是让沟通控制在固定时间内完成，而是要让时间能够依据现场状况进行弹性调整。也就是说，有效沟通最好采取"可长可短"的模式。

本书后续章节将探讨意义思考采取的"趋近模式"，能让表达者突破时间限制，让沟通变得更有弹性。同样一件事情、同样的主轴方向，沟通者能讲三十分钟、三个小时，甚至三天三夜。

难题二：突破目标对象限制

在职场活动中，只有特定场合针对目标对象沟通。除此之外，大部分的沟通受众，可能同时包括高阶主管、技术人员，甚至普通民众。同样一件事情，与不同知识背景、需求迥异的对象沟通时，如何才能做到彼此兼顾呢？在这种高难度的沟通情境中，如果你能为想法找出一个好的"意义性"，将是超越知识门槛与不同需求的最佳做法。

好处三：抓住重点与全面理解

上台做报告时，你是否觉得自己明明讲得条理分明，别人却老是听不到重点？是不是认为自己该讲的重点都讲到了，别人却依然听得一头雾水？沟通大部分是"信息发送端"的问题。自我理解不是沟通，能让别人听懂才算是有效表达。如何让别人更懂你，让自己的说法不致走偏？

在职场沟通中，很多表达者都会被高阶主管在会议中不断提醒："讲重点！麻烦请你讲重点！"虽然每个人都知道要"讲重点"，但是大家仍然无法"讲重点"。因为没有人知道如何才能"讲重点"。整份报告中，到底哪些部分才算是"重点"？本书明确指出：所谓的会"讲重点"，就是表达者具备意义思考能力。

有效沟通不在于数量、时间的多寡，只要掌握其中最重要的一个概念，就足以让想法变得清晰可见，这个最重要的概念即为意义思考。沟通者如果少了这个部分，直接进入了细节之中，就会因为缺乏"整体叙述逻辑"而无法直入人心。

拥有意义思考能力，无法保证你提案时百战百胜，但是至少能让他人听懂你的想法，避免到头来才发现原来是误会一场。不论想法简单或复杂，让他人听得懂、听得进去，永远是沟通的第一步。表达者如果想达到"全面理解"的境界，就必须具备两个重要条件：

第一，建立想法之间的关联性。

表达想法时，如果你的观点不断摇摆，或者总提供一些支离破碎的信息，就会成为沟通的障碍。有效沟通来自让目标对象同时理解事情的"整体关系"以及"个别位置"，唯有做好想法垂直及水平方向的联系，才能避免他人在内容与内容之间分散了注意力。

一场成功的沟通不是同时凸显无数个单点，而是要把很多的单点融合为一个集体，让无数的点形成单一的共同焦点。精准有效的沟通强调"团队精神"，意义思考的功效就是找出一个"核心概念"，再把所有细节打成一片。达成这种标准的规划内容，除了易于理解，也有助于事后回忆。只是在沟通实务中，合格的"意义"表达者实在少之又少。

第1章 意义思考的意义

第二，"打包带走"的能力。

只有少数决策是在沟通现场完成，更多的决策需要考虑时间差问题。做报告后，提案者得到的答案经常不是同意或反对，而是需要多点时间进行思考。因此，有效沟通除了现场实时地说明技巧，也要具备能让想法"打包带走"的能力。因为只有少数决策发生在此时此刻，更多决策发生在明天之后。

除了无法立即决策的因素，许多场合的说服是通过二手传播来完成的。例如：你的简报对象可能只是暂时性的对话窗口，而非拥有实质决定权的幕后大佬。遇到这种需要"代理人"进行沟通的情况时，如何协助代理人正确转述想法，以避免你的原意遭到曲解，关键在于你能否为想法找出一个好的"意义"，让所有沟通细节成为一个环环相扣的"互联网"。

要让自己的提案具有"原汁原味"的重现能力，重点在于想法之间具有正确的排列组合关系。意义思考解决的不仅是内容问题，也包括处理内容之间的"兼容性"问题。在一个有效的沟通里，没有任何一个内容是单独存在的，一切都必须有个东西贯穿其中。

好处四：产生说服力

真正拥有说服力的演讲者向来只占少数，多数人的口语处于"无重力状态"。有太多的演讲者"上台不知所云、下台无法回忆"。沟通缺乏说服力的问题，不是单靠台下练习与加强台风就能解决的，毕竟有效沟通不是要说出你的个人风采，而是要讲出想法内涵。再多的练习与努

练习一下

下列三个关于"高铁是什么"的答案中,你觉得哪种说法最具有说服力?为什么?请针对"高铁是什么"进行意义思考,并请依照你所感受到的说服力高低,将下列几种说法进行说服力排序。

> 说法一:高铁创造了台湾的一日生活圈。
> 说法二:高铁是一般铁路的三倍快。
> 说法三:高铁缩短了城乡之间的差距。

上述这些说法中,多数读者会选择第一种说法最具有说服力,第三种说法其次,而第二种说法最不具有说服力,说服力的排列依序为:说法一优于说法三优于说法二。这是为什么?因为第一种说法较接近本书所传递的概念:意义思考,一种深入事物"核心概念"的能力。第二种说法因为过于接近事情的表象,所以无法传递出说服力。

拥有意义思考能力,能让你讲得更正确,同时也更具有说服力。当人们的沟通离开了表面现象,深入事情核心时,会因为展现出思考深度而让说服力自然涌现。

力，只能确保口语的流畅性，但是永远无法弥补台上台下两个脑袋之间的"思考落差"。

好处五：获得庞大的回应力

观看好莱坞电影时，我们经常看到男主角提出一个好想法后，获得全场认同并且起立鼓掌。但是，电影中的场景真的就只会出现在电影里。简报后，随之而来的火力四射加上炮火猛攻，才是你的现实人生。要如何解决简报后所面临的质疑与提问呢？

解决意见分歧的最佳做法，不是靠机智反应与应答技巧，最好以"看事情的高度"去超越一切纷争。沟通者如果让琐碎小事成为讨论重点，就会陷入永无止境的议论中，最后导致"让一个好想法，死在无数细节里"的窘境。

意义思考能让你的想法具有视野性。想要成功说服他人，不必交给命运决定，也不必凭借主管的心情。多去思考想法的本质性，只要想法本身的"意义"正确了，庞大的回应力将随之而来。

好处六：提升规划效率

内隐规划胜过外显忙碌。人们经常为了目的而忙，忙到最后却忘了目的。没有想清楚就快速行动，就会因为缺乏航向感而四处流浪。如果我们不知道内容要放些什么，最后只能选择全部放上去。规划思考的目的，就是为了提升效率而暂缓行动。

意义思考如同电影《让子弹飞》的经典台词："先动脑子后动手。"想清楚之后再下手，能避免因为思考不周而导致想法进入后期时的大翻盘，甚至整个砍掉重来。凡事只要多想一点，就能降低重新启动与折返跑的概率。

忙碌与成功之间没有必然关系，但是规划与成功之间却具有高度关联性。亚伯拉罕·林肯曾说："如果我要用八个小时砍一棵树，我会先用六个小时把斧头磨利。"事情没有妥善规划，永远会是一个问题。所以意义思考者相信："花时间投资在想法的规划上，远比投资在行动上更有报酬率。"

好处七：增加新构想的可行性

不论创投提案、新产品开发，或是拟定市场营销策略，你如何确认想法具有可行性？如何预测出新商品推出后能够获得市场认同？也就是说，你能预测新构想具有足够的可行性、策略性与市场性吗？

我们先来看看一般人如何产生新想法。多数提案者采取观察竞争对手作为、进行市场调查、阅读研究机构报告、使用搜索引擎，或是参考市场风向球之后，再综合整理出自己的观点。这种同中求异的做法，只是归纳他人观点而非进行独立思考，因此难以产生"破坏式创新"。这种"环顾四周"的做法，主要以动眼、动手为主，没用到什么大脑，没有自己的专属洞察，因此不符合意义思考的精神。

从小到大，我们被灌输的观念是"竞争心态"，而非"差异心态"。我们习惯注意别人的一举一动,而非进行独立思考,我们勤练自己的眼球,疏于"折磨"自己的脑袋。这个世界普遍的价值观认为:看着别人的成功模式再加以快速优化,才是迈向成功之路的安全保证。但是,"打安全牌"其实最不安全,能够进行有效创新才能永葆安康。

别为了"速度",失去了"高度"

想要拥有更好的结果,你必须学习先让自己停下来。凡事快步走,没想清楚就积极行动,通常不会有好下场。许多时候,让自己暂停一下,用多一点的脑内活动取代实际行动。

规划者千万别为了"速度",失去了"高度"。如果你愿意多花一点时间,去思考"本质性"问题,就能让之后一切的努力,在正确的方向上发挥效益。

同一概念的不同解答

首先让我们来练习一下:请思考员工的"意义"是什么?如果你是职场人,请思考公司如何看待员工?如果你是企业经营者,请思考员工对于公司而言,所代表的"意义"是什么?

不论针对员工或是企业经营者,意义思考都是一种大众化、生活化的能力。它是企业领导者的必修课程，也是所有员工必备的职场力。对于高阶主管，不论经营方针、发展方向，甚至劳资关系，都需要进行意义思考。这种思考能力既是领导者的雄谋大略，也代表一种处世哲学。例如：一位经营者对于"员工"两个字所进行的意义思考，就会牵动后续许多管理作为。

"员工"所代表的"意义"是什么？"员工"可以是公司最重要的无形资产，也可以是为公司创造收益的生财工具。一百年前，汽车大王亨利·福特曾经说过一句名言："劳工只要带双手来为我工作，不需要带着大脑。"而他所认为"员工"的意义又是什么？

针对同一个概念，所产生的意义思考解答可能南辕北辙。换个场景，如果你负责营运一家主题乐园，对于维护环境整齐的工作人员（甚至任何可能出现在游客面前的工作者），你会如何"定义"他们？你如何称呼这些员工？是清洁工，还是环保人员？在一个时时刻刻需要带给游客们欢乐气氛的场域里，你要怎么做才能激发他们长时间且自发的工作热情呢？

你看过迪斯尼乐园的清洁人员吗？他们跟你在其他地方所看到的工作人员是不是不太一样，甚至更多才多艺呢？如果你要跟朋友们转述，在那里所感受到的服务体验，对于这些清洁人员，你可以用最精简的文字，进行最准确的描述吗？

当然，你可以用上一个小时的时间，采取漫谈方式说明迪斯尼清洁人员具有的十八般武艺、充满艺术表演天分、服务态度良好，以及面对成千上万涌入的游客，仍能永远保持微笑并且真心服务等，你可以有讲不完的感受。但是，当你采取这种充分叙述法，内心可能会产生一股遗憾感，似乎在这多么的形容词和例子之外，好像少讲了某个部分。你觉得自己似乎没有讲到"重点"。

浓缩出真正的重点

如果你懂得意义思考就会理解：只要将这么多的语言文字、体验感受浓缩成"演员"两个字，就足以形容一切事情。在意义思考的概念中，沟通者只要清楚说明：迪斯尼乐园的清洁人员，不只是清洁人员，还是"演员"，你就讲到这整件事情的"重点"。如果你的沟通过程没有提及这个概念，那么即使讲了再多，充其量也只是趣闻、案例与所见所闻的聚集组合，这样的沟通会呈现出结构松散的"无政府状态"。

对于迪斯尼乐园认为：清洁人员不只是清洁人员，甚至所有工作人员都是"演员"的说法，你觉得有说服力吗？在这种说法之下，是否更容易塑造出领导理论中所强调的愿景，以及服务业所要求要发自于内心的服务态度？甚至你是否觉得："演员"这种说法，在"意义"上，比起清洁人员，更接近于真实的工作情况？

请注意！意义思考不是换个名词称呼，或是重新进行职务包装，是对这个工作进行"重新定义"。在这个词汇中，清楚界定了公司与员工的相处模式。它除了展现公司对于员工的尊重态度，也能为职员带来更多的荣耀感。我们甚至可以预期，在"演员"的定义下，这家企业应该有着较低的离职率与更和谐的劳资关系。

"演员"这个概念，不仅提供了员工每天工作的行为准则，也提供遇到突发状况时，不在SOP手册中的紧急应变之道。因为，"演员"这两个字，清楚界定了员工与旅客互动间的一切举动，它将如同指北针般地牢记于员工心中,这比起任何形式的会议倡导、口头提醒,甚至于教育训练都来得更有力量。

除此之外,这个"定义"也提供工作上的创意想象空间,它开启这份工作打扫之外的无数可能性。因此你会看到,迪斯尼清洁人员的随地作画,经常带给旅客们意想不到的惊喜体验。在"演员"的概念之下,整个乐园都是舞台,而他们呈现在游客面前的每个动作,都可以成为表演的一部分。

"演员"充其量只是两个字,却有利于创造出双赢的劳资关系,也能进行化繁为简,让后续大大小小的细节进行无限展开。这就是当你能够回归想法源头进行意义思考时,之后所产生的爆发力。所以,善于进行这种思考的工作者,能够利用它作为开启一切美好事物的开端。

现在换你了。如果你是公司老板,请进行意义思考,试着为:"员工是什么"下定义。如果你是职场人,请进行意义思考,试着为自己公司所认为的"员工是什么"下定义。探索这个问题时,请试着找出专属于自己的声音,提出一个前人未曾有过的答案。

在"痛点"之外的"甜蜜点"

中国台湾是举世闻名的科技岛,我们擅长"解决问题",却不擅长"定义问题"。我们的强项是Cost Down(降低成本),但却不是Value Up(价值提升)。科技公司经常忘了,除了要消除他人的"痛点"之外,客户更需要能够创造价值的"甜蜜点"。问题分析与解决的能力,着眼于消除燃眉之急,但是对于未来,无法产生美丽新世界的想象。简单来说，我们擅长"解决"，却经常忘了"机会"！在风险管理之中，我们选择了"避险"，而不是"探险"！

让我们先将视线从解决眼前的问题中抽离，跳脱出来看看想法本身的"意义"。思考一下，为什么乔布斯开发新产品时，从来不进行市场调查与消费者使用分析？因为，在这位创新大师的观念里，未来的商机不存在于现在的经验之中。进行再完备的市场调查，也探究不出意义思考所创造的未来。

市场调查与消费者使用分析，只适用于目前已存在的商品，或是解决目前已知的问题。意义思考强调原点大于一切，它是对于原先想法进行重新创造，所以最终呈现出来的结果经常不在使用者已知的经验范围中。

看看周遭，多数人选择了复制市场需求的安全牌，或是满足于解决别人眼前的痛点，而乔布斯则选择了"重新思考事物的意义"，以创造全新的市场需求。关于市场调查的适用性，他经常引用亨利·福特的名言："如果当初我问顾客到底想要什么，他们的答案会是一部更快的马车。"

2010年iPad上市前，当这个全新的产品在物质世界中尚未存在时，你要如何透过市场调查以理解使用者的需求呢？你要如何才能预测人类社会是否需要这个装置？此时，对于未来的判断，只能透过意义思考找出答案。

iPad的"意义"是什么？为什么人们需要这个装置？当乔布斯思考平板计算机所代表的"意义"时，发现它是介于"笔记本电脑"与"手机"之外的"第三种类别装置"（Third Category of Device）。因为人们工作时，倾向使用笔记本电脑。人们移动时，倾向使用移动电话。但是在固定办公与行走移动之间，还有许多场合的基本需求尚未被满足。当乔布斯发现平板计算机在某些场合中的适用性，超过了笔记本电脑及手机时（例如：在沙发上，使用平板计算机浏览网页的便利性与舒适度，超过其他两者），即准确预测了这个尚未推出市面的产品的市场性，从而发展出一系列全新商品。

成为能够看见短暂未来的人

能够预测未来其实并不稀奇，这是任何人都能拥有的能力。如同每个人都可以预言人类终将进行太空旅行，地球也总有一天会毁灭。所以，重点是谁拥有短中期提早发现事情的能力？虽然人们说："千金难买早知道。"但是如果你懂得意义思考，你就能拥有如同《海贼王》卡塔库栗一般，看见短暂未来的能力。具备这种开眼，才是人类行为中最有价值的部分。

追根才能究底，意义思考是重新定义与架构问题（Reframe）的能力。它离开既定的市场风向与人云亦云。意义思考超越了目标对象分析，它不在人们已知的知识经验范围内解决问题，它是一种完全的独立思考能力。

在扁平化的世界里，人们更容易把眼光聚焦在观察竞争对手的一举一动。这种相互参照与借用复制，对于社会进步是有限的。竞争是一种破坏性能量，它并不代表价值创造。最彻底的创新活动就是去思考、去蜕变事物的原本"意义"，以截然不同的观点，架构全新的产品与服务。

乔布斯其实不是简报高手

提到乔布斯，你脑海中跳出来的第一印象是什么？是苹果计算机的创办人？还是从公文包拿出超薄型Macbook Air，那个能让会场观众感到惊呼连连的简报高手？抑或是总能不断推陈出新，将苹果公司进行谷底翻身，连续创造出逆转胜奇迹的创意奇才？

从本书观点看，人们最应该向他学习的并不是独特的美学观、简报技巧或是创造力，而是他的意义思考能力。这种进行事物"本质性探索"的能力，不仅在乔布斯身上可以看见，在许多一流的建筑师、广告人、作者、发明家、设计师、沟通者、提案人的身上，也都可以看到。

还记得在2000年之前，人们是如何购买数码产品的吗？还记得在电器行选购随身听时的场景吗？当时，几乎所有的电子产品都被锁在玻璃柜中。大多数时候，你只能与你渴望拥有的商品遥遥相望。而乔布斯重新定义了零售通路的"意义"在于"体验"，而非"成交"，因此Apple Store让数码产品变得随手可得。他重新改变了市场规则，以全新概念呈现在世人面前。

目前你使用的笔记本电脑还有配置光驱吗？为什么乔布斯敢在所有计算机将光驱列为标准配备之时，率先做出让Macbook移除光驱的决策呢？因为，他思考光驱的"意义"在于"储存大量数据"，当U盘、云端技术、高速宽带等科技逐渐浮现之际，也就预告了光驱原本存在的"意义性"将消失，所以他做出了这个决策。

如果你愿意培养意义思考能力，那么未来就不再遥不可见。利用这种思考能力，在构思阶段即能预判未来，你就可以成为能看见短暂未来的人。

全新看待事物的可能性

意义思考不是构想优化与再加强,它是根本性的颠覆。意义思考的能力为何如此重要?因为伴随着每一次的"重新定义",就代表着打破现状,提供给世界一种全新看待事物的可能性。而这种能力并不神秘,也不专属于少数人士,它是任何人都能够培养、也能够拥有的深度思考力。后续我们将逐渐揭露意义思考的相关内容,以及如何培养这种能力,也将穿插更多关于乔布斯构思新产品时,所进行的意义思考范例。

重点结论

本章内容介绍意义思考的基本定义与好处，它是创造力、逻辑力之外的"第三种思维"。一切事物的前期规划都需要使用这种能力才能够达到与众不同。拥有意义思考能力，你将拥有开启一切美好事物的开端。

心智创造先于实体创造。如何提升个人竞争力？如何让公司创造属于自己的一片蓝海？别老是盯着别人看，习惯看着竞争对手的一举一动，再调整自己的行为模式，这种做法只能保证不输，但是也绝对赢不了。我们是人类而非鹦鹉，除了模仿他人，我们还可以进行独立思考，能以自己的思维努力，创造出与众不同。

人们坚信成功者的手上，一定握有一把能够开启胜利之门的特殊钥匙。所以，市场专家总是喜欢综合归纳他们的成功秘诀。人们喜欢追随别人的模式成功，却不喜欢依照自己的方式成功。

面对未来的竞争，如果只是遵循既定模式，或是借鉴参考他人的做法，再思维如何跑在别人面前，这种做法仍然是在相同的跑道上彼此竞速。身为一个意义思考者，偏好以自己的想象走出一条专属于自己的道路。

面对激烈竞争，我建议的做法是尽可能慢下来，花更多时间去思考本质性问题，练习对事情下定义，学习意义思考的思维模式，就是面对这个没有标准答案世界的第一步。

爱因斯坦曾说："创新不是由逻辑思维带来的，尽管最后的产物有赖于一个符合逻辑的结构。"现在之中，并不存在着未来的成功，从此时此刻开始，我们要学习当个原始人，去思考最原始的问题：一件事物所代表的"意义"是什么？身为规划者，既然都要想了，就让我们从想法原点处开始想起！

各位读者朋友，或许你曾经从许多沟通类书籍或是坊间课程学习到一个观念：有效沟通就是要以"一句话"贯穿整体内容，但是大多数说明也仅止于这么"一句话"，而未针对这个观念的本质与方法，做更有深度的说明阐述。这本书存在的目的，就是将这个"一句话"中隐藏的一切内涵，进行完整的原理剖析与实务应用。

后续章节中，我们将针对意义思考与沟通模式的关系、沟通者如何进行意义思考、如何培养自己深度的"意义思考力"，以及判断意义思考想法质量的方法等内容，进行全方位解说。

> **练习一下**
>
> 请思考北极光的"意义"是什么？在众多大自然现象中，它具有什么样的独特性？如果你想说服他人，这辈子一定要目睹一次北极光，你会如何形容它？请试着以一句话的方式，为北极光是什么"下定义"，请至少写下十个答案。
>
> 下列两种说法，你觉得哪种说法比较具有说服力？哪种说明方式，能够穿越表象进入事情本质思考？
>
> > 说法一：北极光是一种出现在北极天空，不断变幻的光影现象。
> >
> > 说法二：北极光是地球上可见的最大宇宙现象。
>
> 大多数读者会认为第二种说法比较具有说服力。因为第一种说法接近事情的现象层，未能展现出想法的内涵与思考深度。第二种说法接近于意义思考，因为有效沟通即是"向内发现"的过程，它能呈现想法的本质，并且提供他人以往不知道的观点，所以能展现出说服力。

第2章
有效的沟通模式

- 意义思考只需要凭借"一句话",就能让对方听透到底。

- 意义思考是一种微信息,同时也是最关键信息。

信息爆炸时代的沟通问题

这是一个微信息、多图少字、缩时摄影、两倍速播放影音的时代,也是一个容易闪神躁动的时代。各位阅读本书的同时,是否不停查看手机的推送信息,同时思考晚上跟女朋友约会要吃些什么?接下来,阅读本书期间,各位读者的神志还要继续飘移超过一百次。太多的信息,或者更正确地说,太多不需要知道的信息,正在导致人们耐性的美德快速消散。

信息大爆炸时代,有效的沟通模式正在逐渐改变。从以往强调"起承转合"逐步拨云见日的"建构模式",转变为追求"概略精细"的"趋近模式"。在一个略看、略听、略读,再加上急躁不安的世界里,想成为一个更强大的沟通者,你的沟通模式应该有所改变。

活在漫不经心、难以深度沟通的时代里,我们必须认清一个事实,他人对你的沟通,不再是以往的"累积观点",而是"剩余观点"。也就是说,所有沟通者应该知道,当你站在台上的那一刻起,观众心里的倒数计时器已经悄然按下。面对"说者有心、听者无意"

的沟通环境，沟通者如何才能找到自己的生存策略？答案是：别站在三岔路口进行沟通。

本书依据沟通者解说内容的做法，将沟通方式区分为传统挤牙膏式的"建构模式"和意义思考所强调的"趋近模式"。"建构模式"是采取"起承转合"的方式，认为有效的沟通应该发生在下半场，甚至是下台前的最后一刻。"趋近模式"认为，有效的沟通应该发生在每一刻，而非下台前或是接近时间终了时。

采取"建构模式"的沟通法

"建构模式"假设的沟通以线性方式进行，随着上台时间流逝，解说进度从百分之十、百分之二十、百分之三十……直到百分之百。这种沟通模式如同盖大楼般，通过铺陈、解释、论证、总结的做法，让他人知道你想表达的内容。这种"从无到有"的沟通模式，如图2-1所示。

采取线性沟通的"建构模式"，是让"说明"与"理解"同时发生，因为沟通者对于之后阐述的内容，无法提供方向感及预测性，因此聆听者在整个沟通过程，都要全神贯注才能理解前后的逻辑关系，中途只要稍为闪神，就无法跟上节奏，甚至也有可能到下台前的最后一刻，才突然发现原来是误会一场。

"建构模式"沟通法属于"边听边懂"的表述方式，适用于时间充裕、耐性无限、他人理解能力良好，以及双方能够充分沟通的场合。在一个你无法好好讲，别人也无法好好听的场合里并不适用。这种站在三

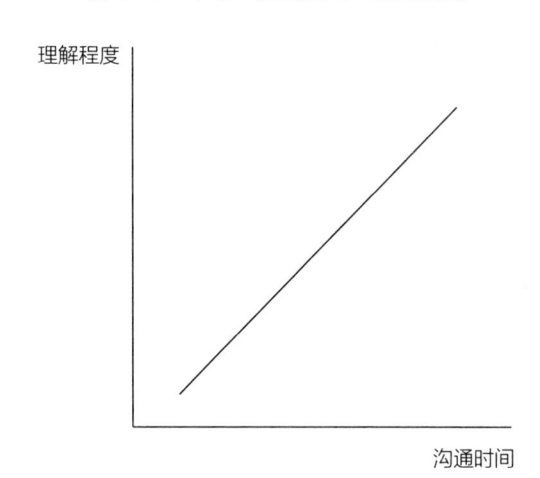

图 2-1 采取"建构模式"的沟通法

岔路口、没有明确提供方向感的沟通模式，经常考验他人的耐性，当聆听者感到不耐烦时，沟通的大门就会关闭。

采取"趋近模式"的沟通法

一次讲一件事情比起讲两件事情容易让人理解。在这个简单道理下，如果我们能把一切沟通的大小事全部整理成一件事，那么再复杂的沟通也能变得轻松愉快。当沟通从全面细节的理解，变成只要说清楚一件事时，就没有听不听懂的问题了。为什么别人听不懂你的想法？关键问题出在哪里？把沟通简化为"单一事件"是让人听懂的关键！

"趋近模式"假设沟通是以"指数方式"进行。开场时，先以最短时间说明整个想法的大方向，接着再进行次要重点补充，之后如果还有时间，就再针对各个次要重点进行逐一深度展开。这种做法不是采取从零到百分之百的"建构模式"，而是在最短时间内先完成百分之六十的沟通，之后再随着时间流逝，逐渐将解说进度推进至百分之八十、百分之九十、百分之九十五、百分之九十八等，如图2-2所示。

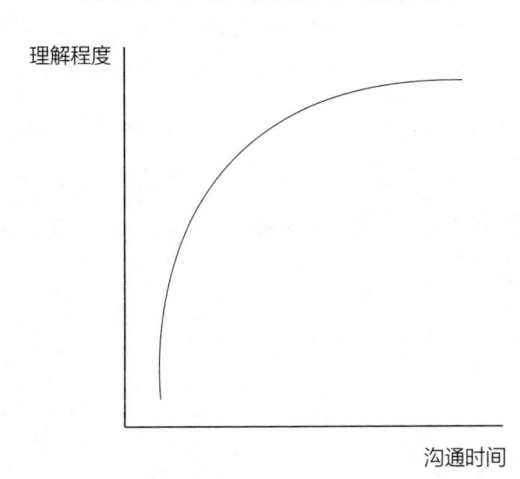

图 2-2　采取"趋近模式"的沟通法

"趋近模式"的沟通者认为，有效率的沟通应该如同从一块石头中雕刻出作品，先以几笔大刀砍下，快速产生雏形，接着逐渐进行整体设计，最后再针对细节处进行精修调整。

简单来说，"趋近模式"的沟通法采取从"雏形"到"成品"的沟通模式。以这种方式沟通，能在最短时间内，让对方掌握整体事件的轮廓性及方向感。"趋近模式"的沟通法不但能让有效沟通发生在过程中的每一刻，也符合缺乏耐性的表述场合。

意义思考采取"概略精细"而非"起承转合"的方式，完成一趟沟通之旅，认为"说明"与"理解"不应该同时发生，而是必须让"理解"走在"说明"之前，如此才能降低目标对象的认知负荷。意义思考的观点认为：如果想成为一个更有效率的沟通者，必须先以"一句话"照亮前方看不见的道路，之后再让聆听者遵循这条路，慢慢获取后续的内容。

以自我介绍为例。"建构模式"是采取依序说明学历、经历、资历的做法，逐渐让别人理解你想表达的内容，但是对方不一定能掌握你想说明的重点。"趋近模式"是先回答关于自我介绍的意义思考，也就是在一开始说明时，先告诉他人"我是一个勇于挑战舒适圈的人"。先诠释能代表个人"意义"的大方向，接着，再进行与"意义"相关的学历、经历、资历说明，如果细项说明与"意义"不相关则加以排除，不列入说明范围之中。

让想法具有预见力

活在信息大放送的时代，永远有关不完的广告窗口与随时可能跳出来的实时信息。面对观众支离破碎的注意力，将沟通视为一种"装满过程"，而非"推进程序"，才符合当前及未来的沟通场景。意义思考采取让重点在第一时间出现的做法，除了具有"要事先说"优势，也能避免他人画错重点。

意义思考是以"先说概要、后说细节"的趋近做法，让他人从一开始就能听懂入戏，属于有效率的"上半场"沟通模式。采取铺陈、论述、举例、结论的"建构模式"，需要让别人在最后时刻才能完全理解想法，属于考验耐性的"下半场"沟通模式。

想追求更有效率的沟通方式，就要让内容具有预览性与方向性。先提供整体概念，再进行局部深入的解说法，比起起承转合的沟通模式，来得更容易理解。认识到这一点，你才真正理解有效沟通是怎么一回事。现在让我们休息一下，来杯咖啡，思考下面的问题：

请你针对咖啡进行意义思考。思考咖啡是什么？为什么在人类社会中，普遍存在着这种饮料？

这个题目是我担任广告公司文案，负责发想咖啡商品脚本时，创意总监要求每位创意人员必须做的功课。通常，思考这个问题的期间约二至三个星期，期间至少产出一百至两百个关于咖啡意义思考的想法数量。

咖啡代表的"意义"是什么？人，为什么要喝咖啡？咖啡与其他饮料的差异性在哪里？关于咖啡的意义思考，几个可能的答案如下：

1. 咖啡是一天的开始。
2. 咖啡是一种提神饮料。
3. 咖啡是每天生活中的小确幸。
4. 咖啡是全球第二大经济作物。
5. 咖啡是一种全球流行性的食尚文化。
6. 咖啡是生活中暂时性的Escape。

如何产生一个好创意？我在广告公司学习到的经验，并不是书籍或坊间常见的理论方法，诸如：脑力激荡、六项思考帽子，或是如何将两种旧元素相互组合成第三种新想法等。我所亲身体验的创意过程，没有经历如同牛顿被苹果击中脑门般的意外，也没有阿基米德从浴缸中跑出去的变态。在广告公司工作期间，我学习到的创意历程：彻底思考事物的"本质性"，在某个神秘时刻来临时，你将与缪思女神不期而遇。

关于咖啡的意义思考，你能想到的一切答案是什么？重点不在于找出正确答案，而在于观点产出的异想天开。你能利用意义思考看见别人眼中不曾看见的咖啡吗？你能体会咖啡除了上述极少数的答案之外，还可以拥有上百万种"意义"的可能性吗？

以上对于咖啡的每一种"定义"，后续衍生而出的创意脚本也大不相同。进行意义思考，代表你在众多同性质的商品中，所诉求的差异点是什么。所以，意义思考其实也就是最深层的"策略思考"。

在许多人的观念中，认为"策略思考""逻辑思考""创意思考"，是分属于不同大脑区块的思考活动。后续内容，我将举证许多例子，说明上述三种思维活动，其实都涵盖在意义思考中。

两种差不多先生

世界上有两种差不多先生。一种差不多先生是各领域的大师级人物；另一种差不多先生是胡适笔下、凡事随便应付的马虎者。擅长意义思考的大师属于前者，他们有种本事，能以最低限度的资源完成大部分作品。

第一种差不多先生的代表性人物包括：毕加索、查尔斯·舒兹（漫画史努比的作者）、乔布斯等。毕加索能以简洁利落的笔触，精确掌握物体形貌，如图2-3所示。漫画家查尔斯·舒兹能在最少笔画内，精准捕捉到人物脸部神情。真正大师级的差不多先生，不追求精细度与完整性，而是通过穿透"本质"，捕捉事物的真正精髓。掌握根本，就能掌握大概。

图 2-3 毕加索笔下，一只"差不多"的狗

针对高阶主管的沟通模式

针对高阶主管做报告，几乎是难度最高的沟通情境。他们见多识广、观点犀利，堪称是地表上最强物种。许多高阶主管与《少林足球》的三师兄一样，拥有一秒钟几十万上下的时间成本。向时间敏感的目标对象提案时，千万不要铺梗，也不需要太多互动。采取"趋近模式"沟通法，及早泄露天机才是王道。

除了以"快狠准"，取代"起承转合"的牵拖模式，向高阶主管做报告，也特别强调提供信息的附加价值。报告者所提供的内容，不能只是原始素材或是Raw Data（未经分析的数据），而是要提供他们精炼过的价值观点，以及穿透表象层的深度洞察。

长期在江湖中行走的高阶主管经常练就了锁喉功，如果演示者无法在短时间内切入重点，主管就会请你跳至最后一张幻灯片或者直接下台。人们常说"时间就是金钱"，然而对高阶主管来说，"时间更是生命"。他们在大型聚会场合中断一场没有营养的沟通活动，其实也只是替天行道，节省大家时间。

面对特别重视时间成本的沟通对象，我们应该想象他们的耐性有个固定数值。上台时，你所说的每个字句都在损耗着他的耐性，当聆听者对你的耐性额度用完时，就要做好随时被"消音"的心理准备。

谁说沟通只能讲三个重点？

或许你曾经听过一种说法：沟通时，最好以三个重点为上限。相关说法与例证包括：因为三是稳定数字，如同桌子至少有三条腿才能安立于地面。有些说法从认知心理学的理论着手，说明人类的短期记忆落在5±2的数字区间，所以不宜同时说明太多重点，以避免他人记不住。也有些人引证乔布斯为例，说明许多著名演说都是以三个重点数所构成。例如：2005年夏天，乔布斯受邀在斯坦福大学毕业典礼所发表的著名演说"生命的态度"，即是以自己生命中的三个故事为叙述主轴。

一场有效的沟通，应该要有几个重点？从意义思考的角度看，任何形式的沟通，应该都只能有一个重点。更精确地说，有几点重点其实不是重点，重点不是"数字"，而是"体系"。任何有效的沟通应该把无数的细节，转换为一个"体系"。所以，身处在沟通大海中的海贼们，去寻找你的"One Piece（在《海贼王》中指'大秘宝'）"吧！

要怎么做，才能离开重点数，或是观众"带宽"的沟通限制呢？答案就是利用意义思考，一种看出事物端倪的力量；把所有的子部分合成母集合。举例而言，某个运动选手，在一百米短跑、一百米跨栏、四百米短跑、八百米跑步、跳远、跳高、撑竿跳、铅球、铁饼、标枪等项目的表现上，都算不上是全球顶尖，当他正考虑要不要退出体坛时，可能

第2章 有效的沟通模式

在某天早上醒来，突然发现自己成了十项全能的世界冠军。

意义思考就是这种带着洞察性的发现，将十件事情变成了一件事。而且在这个过程中，同时解决沟通时间、沟通对象、耐性和理解能力的问题，并且发现原本想法中，早就已经存在的"说服原力"。很多沟通的问题，其实是在瞬间同时完成的。

沟通的说服力与传递性，就是通过意义思考这个工具所完成。乔布斯介绍iPhone4登场时，不是挑出这部手机的三大重点进行说明。事实上，在这场新品发表会，光是这部手机，乔布斯总共说明了高达十个重点，而这还不包括其他产品的软硬件说明。

所以，谁说沟通只能讲三个重点？沟通的数量从来不是重点，甚至我们也可以说，有效的沟通应该百分之百是重点，不然为什么要置入其中浪费他人时间呢？重点是表达者能否把数量集结成一个体系，而非纠结在重点数的迷思之中。本书第六章探讨意义思考公式的章节，将说明乔布斯介绍iPhone4时，如何将十个重点数转换成一个沟通体系，同时为这部手机创造出说服的生命力。

重点结论

沟通是一场注意力的竞争，而且永远有第三者。苹果公司2007年推出iPhone之后，人与人的信息沟通就开始出现了三角关系（传递者、接收者，以及智能型手机）。身处在"说者有意、听者无心"的沟通环境，你能从这三者的复杂关系中胜出吗？面对聆听者高频率"精神外遇"的当下，我们必须改变长期以来的沟通模式，找出更有效的做法加以应对。

在智能型手机尚未出现的年代，沟通是如此单纯美好。以往，传递信息者在沟通过程可能遭遇的障碍，最多就是门外助理找人的敲门声，或是台下听众起身上厕所。我们需要缅怀过去吗？其实，对于目前的沟通处境，我们应该乐观，因为未来的情形只会越来越糟，而且更加急速败坏。

在"闪神"时代，观众随时准备闪人。任何沟通者站在台前，都要想象台下观众如同意外可能随时发生般地逃离现场。一场有效的沟通，不仅是"步骤"的问题，而是"掌握"的问题。请试着提供他人解说方向的可预测性，让聆听者能够看着一件事情逐渐成形，而非在最后一刻才揭晓答案。

第2章　有效的沟通模式

　　本章内容依据沟通者解说内容的做法，将沟通分为"起承转合"的"建构模式"和意义思考所强调的"趋近模式"，并建议读者学习以沟通效率为主的"趋近模式"，取代慢活时代的"建构模式"。先说出最大事，接着再将大事化小、小事化微，采取这种做法才能让人在最短时间内听懂。

　　什么是沟通中的最大事？就是关于内容的意义思考。它只需要凭借"一句话"，就能让对方听透到底。意义思考是一种微信息，同时也是最关键信息。在这个微小之中隐含了最大沟通潜能。意义思考如同一颗种子，渺小却潜力无穷。它是一切沟通的重中之重，能让他人在这个微小之中看见了全部。

　　接下来的章节，将探讨意义思考与其他建构工具的差异性。说明为什么好的开始，经常不是成功的一半，而是失败的全部。舍远求近的结果，可能是埋下厄运与浪费时间的种子。规划想法时，我们应该建立一种敏锐度：当一件事情起步太顺利时，你可能就要当心了！

练习一下

检视一下自己公司的简介,如果只能以"一句话"的方式形容自家公司,那句话是什么?请试着为你的公司进行意义思考,这是制作公司简介时,比起任何说明,例如:公司规模、历史沿革、产品特色,以及技术水准等更重要的事情。请找出能与竞争对手进行明显区隔的"定义"。这是规划者建构公司简介内容时,最需要回答的关键性问题。拿出纸笔,至少写下50个答案。

关于公司简介的意义思考,你的答案是什么?是否找到一种独特的切入方向,让所有细节压缩至这个概念中?你觉得别人听完说明,能对公司建立良好的第一印象吗?与其他竞争对手之间,这个"意义"具有足够的区隔性与辨识度吗?

先检视一下之前的公司简介,如果没有太大意外,不外乎放个组织结构,强调自己公司规模多大、海内外据点有多少员工、研发技术多么强大、服务质量多么优秀,以及营运数字多么亮眼。有太多组织的公司简介,是活在自己的世界里,述说着让自己开心的"One Side Story(单边故事)"。仔细看看内容,你是不是忘了强调公司能提供给对方的特殊价值,只是一味地进行自我取悦。身为沟通者最可悲之处,就是忘了他人，只活在自己的幻觉与想象中。

如果你真的觉得自己公司实在没有什么特殊的"意义性"值得一说，那或许代表你应该换份工作了。哦！不对，千万不能有此念头，事情不是这样解决的。如果你真的找不到让自己感动的"意义"，八成是因为没有花费足够的时间进行探索。很多事情，只要看得够久，迟早都会看出一些端倪。

关于意义思考的解答，与其说是找不到，更有可能是因为你的眼睛睁得不够大、大脑烧得不够久，所以才无法看见事物的深层"意义"。试着咀嚼一下法国作家马塞尔·普鲁斯特（Marcel Proust）的名言："真正的发现之旅，不在于向外寻求新的风景，而是拥有一双新的眼睛！"相信自己，只要努力去想，再平常的事物也能从中发现新滋味。

沟通技巧有八万四千法门，不论换位思考、强调功能与利益的差异，或是如何进行目标对象分析。其实，任何技巧都是在唤醒沟通者的同理心，让自己能够站在别人的视角看事情。规划者真的很容易忘记顾客与沟通对象的存在，活在取悦自己的情境。意义思考就是将自己想说的，与他人想听的，共同聚集成一个概念想法。所以这种思维也有助于规划者带着同理心进行沟通。

第3章
想法的建构模式

● 搜集信息只能丰富内容，整理想法只能让人理解，唯有进行意义思考，让所有元素在一个"独特观点"之下展开，才能产生说服力。

一切从最根本开始

俗话说："好的开始是成功的一半。"这句话不适用于意义思考者和想成为更有效率的前期规划者。哪里才是规划者的入手处？什么才是规划时的第一个动作？因为"静中有动"，所以第一个动作就是什么都不做，凡事别冒进。

想做好管理，最重要的观念就是先做好前期规划。如果采取方便下手、快速启动的做法，就代表跳过这个重要步骤，而跳步骤即代表"未谋先动"。没有预想过一些重要事情，却快速行动，可以为自己取得立即的胜利感，但是这种做法也潜藏了重新启动的风险。想让自己进阶为更好的规划者，就要在行动前多为难自己一点。

意义思考是一种系统思考，它的主要精神是让自己从现实中跳脱出来，以居高临下的姿态看着一切事情发生，而不是在还没有搞清楚状况之前，事情就已经完成。一切都要从根本处下手，唯有正确性加上干劲，才能让事情圆满无碍。

让我们再次回到第一章准备自我介绍的例子，当你接到指令，准备规划简报或是展开新项目时，你所采取的第一个动作是什么？相信很多人并不是进行意义思考，而是从PPT、便利贴与思维导图等工具入手，然而你是否适当应用这三项工具，却会大大影响成果。

使用PPT的通病！错把制作当规划

百分之九十以上规划者的第一个直觉反射动作，就是打开PPT。的确，PPT是一个优异的视觉呈现工具，它提供沟通者制作幻灯片时的科技性与便利性，也远胜过其他同性质的简报软件。但是，问题在于它并不是一个有效的规划思考工具。表达者如果采取直接打开PPT的做法，就选错了起跑点。因为你让"制作"跑在"规划"之前；结果就是整体想法的败坏。

PPT会让人的大脑产生完整规划的错觉，以为幻灯片制作完成，就等于经历了完整思考程序。进行前期构思时，与PPT保持一点距离是件好事。因为，简报起点从来不在PPT里，而是在你的大脑里。为了能够加速前进，我们必须先慢下来。

还有些演示者属于幻灯片控，在想法还没想清楚之前，就急着跳进制作阶段。接着，又一个不小心，唤醒了内心沉睡多年的艺术细胞，于是开心地玩起了简报软件的功能选项设定。许多人因为在路途中，过度专注于欣赏风景而迷路，最后到达了一个陌生地方，做了一份连自己都不认识的简报。快速打开简报软件，会让注意力提前从内容本身，转移到流程操作，而深陷过程的规划者，总是难以顾全大局。

首先，我们创造了幻灯片，最后，也死在了幻灯片。太冲动地进入制作阶段，也容易让演示者抱着"做了不讲"的可惜心态。如果依此做法，我们判断内容存在与否的基准，并不是依照意义思考与"他人需求"，而是"时间成本"，这是起心动念错误的问题。

科技降低了我们的辛苦，但是当它缩短制程的同时，也容易让人跳过步骤，而且不是跳过一般步骤，而是最重要步骤：前期规划。不论科技如何演进，对于规划与思考的本质，将不会造成任何改变。这也就是为什么随着简报软件版本不断更新的同时，差劲的简报内容依然举目可见。PPT以及其他一切简报工具，充其量只能在准备流程的中后段处发挥功能，但是永远无法取代人们前期沟通、构思策略，以及打草稿。

毕竟，不是计算机在做报告，是人在做报告。科技只是协助人们，将做报告这件事情变得轻松容易一点，但是千万不能本末倒置。意义思考会将PPT带来的顺手感，视为一种容易导致轻举妄动的美丽陷阱。

自1987年PPT1.0上市至今，已开发超过三十年。在简报软件出现之前，人们想要制作一张幻灯片，制作时间至少花费二至三个星期。所以当时的演示者必须先把所有内容彻底想清楚之后，才会进入制作程序。没错，科技是进步了，但是规划者的前期思考能力不升反降。如果想要维持良好的沟通质量，就要追求三十年前，对于构想规划的谨慎态度。当然，不仅现在如此，未来三百年也应当如此。

或许，我们对于简报软件的态度，应该更接近于烟酒。试着想象一下，或许打开PPT软件，出现编辑画面之前，应该跳出一个警示信息，并出现以下警语："演示者未经深思熟虑之前，请勿开启本软件，以免内容完整性遭到侵蚀。"

千万别让自己赢在起跑点,却输在终点线。太顺利的开始,可能暗藏了自摔风险。停下来,别急着忙碌,先搞清楚状况,让自己后退几步,去看看完整事情的轮廓性。制作前,先思考简报中的"Power Point"是什么。别忘了,沟通是先有了"Power Point",接着才会有"PPT"。什么才是简报中的"Power Point"? 其实指的就是意义思考。

便利贴不是策略的保证

有些企管讲师建议以便利贴作为建构想法的工具。采用便利贴的好处多多,它适用于团体讨论、能把想法全部摊开在众人眼前,并以可视化的方式呈现,也具有方便移动的特性,能让想法快速重新排列组合与重新归位,看着想法数量随着时间流逝而逐渐增加,也能为规划者带来成就感。

采取纸笔工具,专家称这种沟通为"模拟规划法"(Plan in Analogy),比起数字工作模式(直接打开PPT)的规划效果更好一些。但是不论想法数量或多或少,这种做法仍然缺少了一样东西。在一堆黄色纸张所构成的便利贴规划法中少了什么?答案是少了"沟通策略"。一个没有策略想法的沟通?糟了,这是最重要部分。请试着体会以下这句话:"有效的沟通,并不是'条陈'与'整理',而是'注入'与'融合'。"

规划者别忘了,便利贴只是搜集想法的工具,主要功能在于记录、可视化与组织想法。采取这种"由下而上"建构想法的方式,确实能确保想法与内容的数量,但是不能保证策略质量与想法之间的关联性。因为策略是带着高度俯瞰一切，策略必须是"由上而下"。

"搜集想法"与"形成策略"是两码子事。想要增加想法数量与团体讨论，使用便利贴作为前期思考工具是个不错的做法，但是便利贴的排序结果，无法作为发展后续想法的最终工具。欲产生一个完整而有效的想法，不能仅靠记录、分类与整理，而是要先找出一个有效策略，再将所有想法纳入这个策略之中。

思维导图的过度展开，容易造成思考的发散

思维导图（Mind Map）是一种以关键词为发想中心点向外辐射的思考方式，可以展现出所有元素之间关联性的可视化工具。它是由英国学者东尼·博赞（Tony Buzan）于20世纪70年代提出。近年来随着科技进步，思维导图也从原先的纸本绘制，发展出许多数字版本。

这种将想法进行可视化呈现的建构工具，因为具有图像化、易组织、好记忆等特点，广受职场人喜好，将之作为想法前期发想与整理的工具。思维导图的主要特点，在于从一个中心想法出发，接着向外进行层层发散，以厘清所有想法的交互层级关系。

这种思考工具非常便于建构想法之间的网络脉络。不过，也正是因为太容易展开，所以一不小心就会过度展开。对于一般沟通者而言，他们无法确认想法要发散到什么程度，或是哪个阶层才需要停止。

举例而言，如果沟通者使用思维导图作为公司简介的构思工具，在面面俱到加上努力不懈的情形下，最后可能产出高达五百页的幻灯片内

容,而别人听完简介之后,却完全无法掌握你想表达的重点是什么。思维导图的特点在于很平均、很完美,没有分别心。它的所有内容之间,不存在加权比重与优先级的关系。

到目前为止,规划者不论使用PPT、便利贴,或是思维导图,都会产生缺乏主要沟通策略的问题。因为策略着重的是"重点性"而非"完整性";因为策略是"集中火力"而非"一网打尽"。那么,使用思维导图时,如何才能产生一个有效的提案策略呢?

如果从意义思考的角度,思考如何有效运用思维导图,则位于正中央的关键词或关键句,才是整个构思过程最重要的思考点,它是让后续内容能够有效展开的重点。也就是说,一个使用思维导图的规划者,必须花费最多时间思考中间词汇的"意义性",之后向外辐射出的内容才能具有策略性。而不是采取大多数人的做法,以漫不经心的方式写下几个字,接着就忙着向外进行无限展开。

举例来说,使用思维导图作为自我介绍的解说工具时,中心点的关键词是"自我介绍",或是"我是一个斜杠青年",两者辐射出来的内容与策略性完全不同。再以公司简介为例,一位思维导图的用户,中心点的关键词是单纯的"公司简介",还是"我们是一家采取一条龙经营方式的公司",两者所发散出来的内容、广度、深度,以及提案策略的有效性也会大不相同。

发散想法可以靠工具协助,收敛想法必须靠人脑洞察。规划者不论使用PPT、便利贴,或是采取思维导图作为构思工具,它们终究只是一种想法的发散过程,而策略的本质是"收敛"而非"发散"。这点即是意义思考与其他工具的最大差异。

规划者如果能善用意义思考进行想法筛选,就能让整体想法的组织体系小一点，特别一点。这时，你不必费力说明一堆细节，反而能产生一个更有策略性的提案。

第3章　想法的建构模式

思考与行动的先后顺序

你属于哪种人格特质？思考派还是行动派？你认为事情应该如同《孙子兵法》所言："多算胜、少算不胜。"强调谋定而后动？还是卷起袖子，先做了再说？本章后续内容将以思考与行动之间的先后顺序关系作为区分依据，说明目前以强调"行动优先"为主流的建构显学（例如：精益创业）与本书意义思考的差异性。

精益创业的主要思维

2011年由硅谷创业家埃里克·莱斯（Eric Ries）所出版的《精益创业》（*The Lean Startup*）一书，强调构思过程应该通过快速推出产品、动手思考，并将开发、市场、营销尽量趋于同步的方式进行创业活动。书中建议读者采取以下三个步骤迅速落实想法：

053

步骤一：快速原型（Quick Prototyping）

在《精益创业》的观念中，认为现在所处的世界，正以超乎想象的速度急剧变动，在规划永远赶不上变化的前提下，建议创业者不需要等到规划作业趋于完美再采取行动，而是要以行动优先。因为行动经常是让整件事情发生中最困难的部分。人们总是难以行动，与其光说不练，不如降低行动门槛，先做了再说。的确，有时候人们会因为思虑过于完整，自我预想太多限制条件而导致裹足不前。所以，在《精益创业》的观念中，建议创业者应以最短时间发展出最小可行产品（Minimum Viable Product，MVP），再根据市场反应，快速进行想法修正。

步骤二：轴转（Pivot）

《精益创业》认为，创业者无法真实预判市场需求，如果想知道消费者的心里在想些什么，最准确的方式就是直接从市场中取得回馈。采取行动，就是发现需求的最佳做法。因此，当商品快速上市之后，如果市场反应结果不如预期，就应该进行方向修改，之后再以最快速度重新上市，以求命中市场需求。所谓的"轴转"，就是开发商品过程中，不断修正主轴方向的做法。

步骤三：验证式学习（Validated Learning）

验证式学习秉持"Never try, Never know"的精神，强调规划者最好以双手双脚去探索世界，行动才是找出好答案的最佳方式。因为构思无法产生数据与反应，唯有行动才能产生回馈信息。从答案中回头修正想法，并且不断重复这个过程，才能在每一次的尝试中，逐渐找到属于自己的商机。《精益创业》强调边走边看、从回馈中学习，任何事情不论成败，都是要付诸行动之后才会知道。这种思维假设：人不可能掌握所有状况，但是只要愿意多下几次注，就能提高胜出概率。

麦当劳其实不是快餐业

现在让我们以快餐业为例，思考快餐业的"意义"是什么。如果你想开间餐厅，或是更具有企图心一点，想开一家快餐连锁餐厅，在你思考Logo设计、餐点特色，以及装潢风格等一切细节之外，我建议你，其实更重要的问题是：思考你规划的内容代表的"意义"是什么。让我们看看快餐业龙头麦当劳的例子，在它的商业模式之中，是不是隐藏了一些不为人知的秘密？

"你不是卖汉堡的，你是做房地产的。"这句经典台词，出自描述麦当劳创办人雷·克洛克（Ray Kroc）的传记电影《大创业家》。据悉，全球麦当劳有五成以上的营收，并不是来自快餐业，而是来自房地产交易。相较于快餐业的说法，你是否认为房地产业更有策略性，也更接近于意义思考。

凡事有先见之明与后见之明。一件事情的"意义性"，经常要经过多年之后才会逐渐显发。此时，世人也才逐渐理解原来在一切事物的表象之外，背后有着更独特的概念正在发酵。在这个世界上，多数人只有后见之明，甚至直到最后也浑然不觉。所以人们总是感叹："千金难买早知道。"

不论企业或个人，如果能养成对事物本质进行意义思考的习惯，就能拟出与众不同的经营方向与获利模式，甚至可以提前发现未来。意义思考等同于策略思考，不仅是麦当劳，在各行各业之中，都有着类似雷·克洛克思维的经营者。外人经常看不透他们在做些什么、如何赚钱，但是公司发展却能蒸蒸日上、日进斗金。

后面第五章将说明意义思考的基本公式，也就是找出最可能出现"绝佳意义"的思考方向。本案例中，从"房地产业"而非"快餐业"的思考方向切入，即属于"采取不同分类"的做法。

意义思考是独特且具有洞察性的观点，它也代表领导者的先见之明。如果有一天，当你利用这种思考模式发现产业中尚且无人知晓的秘密时，请默默地去落实，别大声嚷嚷。因为，这种观点可能成为公司的中长期策略，直到多年之后才被竞争对手看破。

当雷·克洛克看清"快餐业"所代表的"意义"，不只是"快餐业"更是"房地产业"时，关于这个洞察，你觉得价值多少钱？相较于其他快餐业者，这种思考是不是更具有策略性？

从意义思考的角度探讨精益创业

意义思考对于快速原型的看法

意义思考强调知行合一，认为让双手跑在大脑之前是危险的，当我们为了降低门槛而快速行动之时，也同时增加了绕路的可能性。意义思考并非以降低原型难度之方式来增加行动力，而是审慎地洞察本质，等到发现无人探索过的秘境时，再带着这股兴奋感，满心期待去完成这件事。意义思考认为：只要想法的诱因够强，导致的行动力也就够强。

第3章　想法的建构模式

意义思考对于轴转的看法

意义思考不是依据市场反应再快速调整想法，是深度思考潜在市场需求的可行性。意义思考认为：真正独特的创新活动，势必离开目前已知的需求。在全新概念出现，直到市场接受之后，人们需要一段时间的适应期。因此，采取轴转做法，可能在等待市场接受之前，就因为反应不佳，而提前放弃了一个好想法。

意义思考对于验证式学习的看法

意义思考认为：通过对想法本质性的深度观察，可以发现潜在需求与验证市场可行性，并非只能采取亲身试验的做法。意义思考强调谋定而后动，而且最好一次就做对，而非反复进行验证、不停修正。

意义思考认为：缜密思考可以节省不断调整方向（轴转），以及重新启动造成的浪费。意义思考认为：《精益创业》强调多下几次注的观念虽然是件好事，但是伴随每次下注，都代表需要付出更多的时间成本与资金成本。在这些尝试之中，其实大部分是可以通过思考来预判的。

成为双峰工作者的必要工具

职场人进行作业时，事前准备工作可分为：规划、制作、调整三个阶段。依时间分配比例，可区分为："单峰工作者"与"双峰工作者"。

"单峰工作者"选择花费较少时间在"规划"思考与方向"调整"上，将较多时间集中于"制作"阶段。采取这种工作模式者，时间比例分配大约为：规划20%、制作60%、调整20%，如图3-1所示。

"双峰工作者"选择把时间花在前后两端，先进行彻底通盘思考之后，再快速进入制作阶段，之后再花较多时间进行收尾优化。采取这种工作模式者，时间比例分配大约为：规划40%、制作20%、调整40%，如图3-2所示。

整体而言，采取"双峰模式"的工作者，通常比"单峰工作者"更具有工作效率。他们会花费较多时间搞清楚状况，接着快速形成草稿（或产品雏形），最后再花费较多时间进行后续内容优化。

反观缺乏效率的"单峰工作者"，由于疏于事前规划与事后调整，并选择在制作阶段浪费大量时间，最后可能因为没想清楚而重来一遍。

第3章 想法的建构模式

图 3-1 "单峰工作者"的时间分配比例

规划20% 制作60% 调整20%

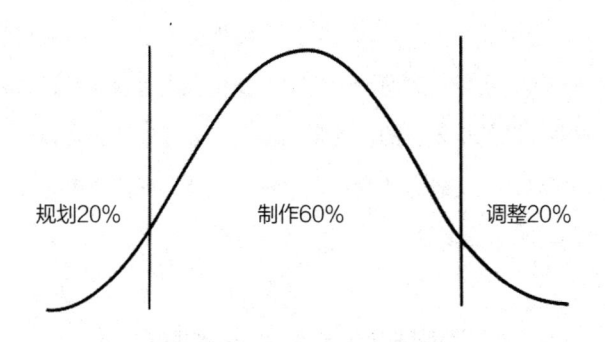

图 3-2 "双峰工作者"的时间分配比例

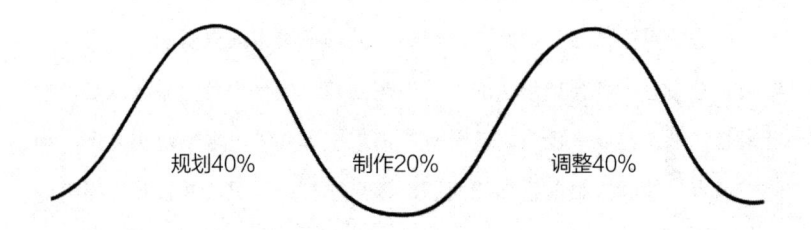

规划40% 制作20% 调整40%

059

意义思考者强调：凡事做好源头管理，先追求"方向性"，后追求"效率性"。

我们要从台中前往台北，如果只是一味地强调速度，最后可能抵达的目的地是高雄。所以，先厘清大方向，找出北上月台才是最重要的步骤。任何规划活动的根本目的，就是为了更有效率地达到目标而进行的刻意降速。所以，意义思考认为：凡事多想一点，就能少改一点！

做好起始点的思考整理

如果从管理循环模式PDCA（Plan、Do、Check、Action）的角度来看，"精益创业者"强调Do、Check与Action，而意义思考者则强调Plan流程的Thinking。"精益创业"的好处在于快速行动，能提早让事情发生，但是也可能因为思考深度不足而变成行为莽撞。

意义思考不是要求规划者一定要把整件事情的边边角角全部想过一遍，但是绝对强调做好起始点的观望，尤其把其中最重要的"意义性"看破。意义思考者会把想法的本质先想清楚。他认为目标对象或是消费者未必清楚自己要些什么，甚至有些需求根本尚未出现于现实之中。询问与调查只能解决眼前已知的问题，却无法打破现况，并且开创出美好未来。

大脑是个好东西。许多事情只要想得够彻底，不必通过市场实际验证，就能进行想法可行性的推演判断。人们可以仿效神农氏尝百草的精神，通过亲身尝试，以受伤跌倒的方式来学习。这种做法虽然令人印象深刻，但是也要付出昂贵代价。

除了行动力，人们也拥有预想能力与逻辑思维能力，我们能以思考方式避免亲身体验错误。所以意义思考者相信：人可以自己保佑自己，依靠脑内的仿真作业，取代大多数的现场验证。

当今规划思考与新产品开发的显学中，不论设计思考、精益创业、敏捷式开发等，几乎都强调速度至上的重要性。但是，追求速度可能也是制造麻烦的开始。"光想不做"与"光做不想"都是跛脚。动得太快，容易错误百出、浪费时间；想得太多，容易沉浸思考，最后导致画地自限、裹足不前。王阳明先生五百年前提出的"知行合一"的理论，不论时代如何演进依然适用。

人类一直学不会的事情

规划者请试着以意义思考而非"快速行动"，作为创造一切事物的开端。如果你打算以一年时间开发一款APP（应用程序），那么绝对值得你用一个月时间去思考一些基本问题，例如：这个APP的"意义"到底是什么？人们为什么要使用这款APP？这个APP与其他同性质的软件有着怎么样的差异性？……先找出一个让自己满意的答案，再以这个全新概念建构后续一切想法。快速行动不会要你的命，只是会让你多走许多冤枉路。建议规划者在大脑与双手、构思与行动、多下几次注与减少折返跑之间，取得一个妥善平衡点。

举例来说，如果想准备一顿能令宾主尽欢的大餐，最好将所有材料先准备好，再下锅烹煮；而不是边准备菜、边下锅，再同步思考今天要吃哪几道菜。事前准备胜过即兴创作，一家米其林三星的餐厅，其餐点的美味程度，不是由厨师下锅之时决定，而是在开店营业之前，就已经完成了大部分动作。

回到我们熟悉的办公场景，想想看，多数人规划简报内容的做法，不就是采取"精益创业"的方法吗？大家都是想到什么先记录下来，然后打开PPT快速完成，再问看看主管有没有意见，接着反复修正。对于快速启动导致的反复调整，你觉得累吗？以这种方式建构出来的内容质量又如何呢？在永无止境的修改过程中，能产生简报的整体逻辑性吗？

采取快速启动的规划法，其结果只是浪费时间做无效沟通，而且最后结果经常是这里加一笔、那边加一画的大杂烩。职场沟通大多都是采取"由下而上"的方式建构而成。这样的内容没有中心思想、没有洞见，因此算不上是简报，它们只是"外挂总动员"。

人们探讨事物的成功因素时，总是不断地想了解其中的奥秘与诀窍，却忽略一个根本事实：事前的准备动作与深度的本质思考，才是迈向成功的关键。如何进行一个良好的事前规划作业，说起来容易也困难。容易，在于你只要不跳步骤，正常去做就好。困难在于循序渐进、按部就班，一直是人类最不容易学会的事情。

三种说服力沟通层级

规划想法时，不论采取快速行动、便利贴、思维导图，或是强调"本质探索"优先的意义思考；最后建构出来的结果，可依想法完整性、策略性与说服度，区分为三个层级：一、最低阶"拼凑罗列"；二、中阶"标题展开"；三、最高阶意义思考，如图3-3所示。

最低阶：拼凑罗列

你的简报属于哪种风格？如果没有太大意外，八成是走"混搭风"。当然，这是一种比较好听的讲法，至于难听的说法呢？多数人的简报根本就是一团混乱。

当人们接到指令开始进行规划作业时，许多人的第一个动作不是打开PPT，就是拜请谷歌，先将所有想法与数据凑合成堆之后，再重新调整顺序与组织想法，直到最后完成整个想法规划。采取这种不断衍生内容的扩张性做法，即属于"拼凑罗列"的模式，在说服力的金字塔层级中位居最下层。人类是难以学会循序渐进的动物，多数人不是习惯跳过某些步骤，就是上演忽前忽后的迷踪步。采取"拼凑罗列"规划法，是所有建构方式中结构性最松散，却也是最多人所采取的方式。他们视规划为一种搜集、堆栈与整理数据的过程。

图 3-3 三种说服力层级

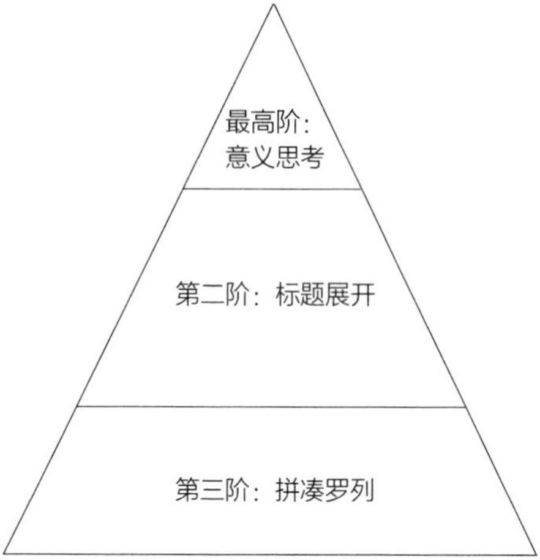

最高阶：
意义思考

第二阶：标题展开

第三阶：拼凑罗列

当人们以"拼凑罗列"方式进行规划程序时，内容与内容之间事实上是各唱各的调，在这些想法中间并没有一个共同的根，也没有默契可言。因此，最后展现出来的内容，其实是飘荡浮动的。依"拼凑罗列"方式产出的内容，缺乏一个共同基础，简单来说就是一盘散沙。

不过大多数人搞不懂，这种采取"拼凑罗列、节外生枝"的建构方式正是造成别人听不懂的主要原因，也是造成听觉混乱的罪魁祸首。如果你的想法之间方向四射，甚至互相抵触，就会造成他人的理解障碍。如果表达者想打造一个无障碍沟通空间，所有想法之间就不能处于分裂状态。因为，整体概念不是累积一切事物的总和，而是一体之下的全部。

"拼凑罗列"的沟通模式只提供给他人无数的线索，却没有打造出一张航海图，导致自己在准备阶段耗费了许多时间，最后却创造出一个谜团。

第二阶：标题展开

除了多数人采取的"拼凑罗列"建构法之外，也有少数思维严密的工作者，会以组织结构或思维导图的方式，让主要想法从"标题"处开始，以由上而下的方式进行层层拆解，当结构性发展完成之后，再依据各层级结构，加入相关内容及资料佐证想法。

这类缜密性的规划法中，最具代表性就属麦肯锡顾问公司的MECE（Mutually Exclusive Collectively Exhaustive）思维工具。MECE认为一个严谨而完整的想法体系，想法之间应该达到相互独立、无一遗漏的分类状态，它强调一件事情的方方面面、每个角落，都应该彻头彻尾想过一遍，并且在分类上不能发生概念重叠或是缺漏情形。简单来说，就是最好让自己罹患"分类强迫症"。

只是，对于规划者而言，单纯将事情分类清楚是不够的，我们还必须创造价值。况且，一个完整性的事物并不是成功保证，而且经常与失败相关。架构完整的内容因为数量过多，所有内容重点等量齐观，而造成无法分辨、印象不深刻。过于强调完整性的事物，最后将掉进大脑主动筛选并且拒绝记忆的回路之中。这就是我们讨论以思维导图作为建构工具时，可能产生的问题。如果一份简报的幻灯片高达五百页，虽然在结构方面完美无瑕，但是也等于什么都没有说明。

任何沟通所追求的共同目标不是"完美无瑕"，而是"大致正确"。也就是说，真正的重点只有少数，大多数内容不需要主舞台，只要让它们静静地待在某个角落就够了。

"标题展开"能带来完美结构，但是完美架构也意味着冗长与通杀。"标题展开"属于无差别的沟通模式，容易因为掌握到了全部重点而没有抓到任何重点，最后导致沟通过程软弱无力，下台之后无法记忆。追求完整性，最后只会忘得一干二净。

这个世界所发生的一切现象，只有少数事情是均质性的，大多数事情都符合幂次法则（Power Law）。例如：二八法则告诉我们，这是一个寡头的世界，百分之二十的人可能拥有全球百分之八十的财富，甚至更为极端。这个法则套用在追求沟通的有效性上，告诉了规划者：如果你想掌握重点，首要任务就是找出区分"重要的少数"与"不重要的多数"之间的那条分界线。

所以，我们可以看清楚一个事实真相：麦肯锡的MECE思维，或是依组织结构展开的内容，都只是一种让你思维更加细密无缝的"过程"工具，并不适合作为最后呈现的"沟通"工具。毕竟，我们不是活在一个常态世界，这是一个有权重、有倾斜的世界。之后，也许读者仍习惯采用MECE思维、组织结构、思维导图等作为想法建构工具，但是别忘了，在后续流程中仍要搭配幂次法则（先依重要性排序，再挑选出少数重点），才能让沟通更有效地传达出去。

最高阶：意义思考

依据"标题展开"构建想法，不论是由上而下展开的组织结构，或是由内外而辐射的思维导图，都属于完整的沟通，但并不是有效的沟通。分类虽然能够让事情变得有条有理，却无法产生说服力。当你的内容拥有了超完美结构，充其量也只是一本大部头的教科书，却不是能打动人心的故事书。

第二阶"标题展开"的沟通层级，适用于教学、规划流程之类的场合。如果表达者要进行高效率的沟通活动，使用这种方法，你会发现什么都讲了，也相当于什么都没讲。在商业沟通活动中，不是能把话讲得清楚完整，就会产生说服力。

从意义思考的角度观察，实际上，大多数沟通是一份未完成的沟通。因为沟通者必须在分类结构之外，再赋予这件事情一个脉络性，才等于完成整个概念逻辑。内容有"结构性"不代表它有"逻辑性"，因为，逻辑＝结构＋脉络。也就是说，想法的质量不仅在于细节分类的好坏与完整性，也在于提案策略与想法之间的"连接强度"。

让我们再次回到之前讨论过自我介绍的例子。"拼凑罗列"就是采取东抓一点、西抓一点，想到什么就放进什么的建构方式，这种做法完全没有想法的塑形能力。"标题展开"就是以自我介绍作为主要"标题"，接着向下展开分类，分为：学历、经历、资历等三个部分；之后再针对学历继续展开，分为：小学、初中、高中、大学等经历及资历的内容，也是采取相同做法，不断向下进行分类作业。

提供别人想法之前，自己要先走出来。意义思考认为："标题展开"是一种完整但是却未完成的沟通历程。如果要完成沟通的最后一里，就必须为想法找出一个"意义性"，例如："我是一个勇于挑战舒适圈的人"，之后再以此去收敛相关的学历、经历、资历等细节内容。

让沟通获得最有效的成果

"标题展开"与意义思考的差异，就是"总和"思维与"系统"思维的差异。在想法与想法之间，"标题展开"所呈现出来的是一种列表关系，而意义思考则是一种共生关系。在"总和"思维中，整体等于部分的集合。在"系统"思维中，整体大于部分的集合。以四百米接力赛为例，解释两种思维的差异性。

全球一百米短跑世界纪录，是由短跑名将"牙买加闪电"博尔特（Usain Bolt）于2009年柏林世界田径锦标赛中所创下，时间为9.58秒。如果我们把这个成绩当成人类在地表上奔跑的能力极限，那么，四百米接力赛，世界纪录的上限应该是多少呢？是9.58秒乘以4人等于38.32秒吗？

实际上，四百米接力赛的世界纪录为36.84秒，由牙买加队于2012年伦敦奥运会创下。为什么在接力赛中，能够超越个人能力极限的总和？因为第二、三、四棒跑者都可以提前起跑，减少了从零启动所需要的时间。接力赛是一种"系统性"的运动。

在这个例子中，我们可以看见"系统大于数量总和"的运作原理。这个观念说明：如果事情能够转换成为一个系统，就能带来许多额外的效果。所以第七章内容将探讨利用意义思考，从"总和"关系转换成一个"系统"关系之后,沟通产生的外溢效果。

人类的思考活动依据视野性可分为:妄念思考、完整思考,以及系统思考等三种类型。在"拼凑罗列"的思维中,想法之间组合怪异,属于妄念思考层次。在"标题展开"的思维中,想法虽然结构完整,但是容易造成过度完整,属于完整思考层次。在意义思考的思维中,所强调的是一种"汇入技术",属于先把事情看透之后再整理出来的系统思考。

什么是沟通?沟通就是把复杂或完整的现象,回归到单纯且正确的概念。表达者利用意义思考掌握一切事物的源头,去找出主干与枝叶之外的那个东西,就能让任何沟通产生一个让人瞬间理解的"明白点"。

一个有效的沟通应该是什么样子?首先,不要采取"拼凑罗列"的流程,不断附加及衍生的方式发展内容。也不应该从标题处展开内容,企图通杀的结果只会造成"分辨率"过高,最后造成"清楚到不清楚"的窘境。

有效的沟通不必贪多,在意义思考者看来,大多数的沟通只要能把一个主概念讲解清楚就已足够。只是大部分人没有把这件事情做好,甚至从未意识到这件事情的重要性。

重点结论

不论建构任何想法,规划者都需要完整经历:搜集、发散、收敛、组织等四个流程。依此流程的完整度,区分为:最低阶的"拼凑罗列"、第二阶的"标题展开",以及最高阶的意义思考三种不同沟通层次。各种沟通模式可以使用一种图形作为代表,说明如下:

最低阶的"拼凑罗列"

"拼凑罗列"的代表性图形为"草图",代表性工具为简报软件或是便利贴。这类型的规划者因为只有低度视野,所以深陷于细节与数据之中,于是采取东拼西凑、拼装成堆的方式建构想法。这类规划者以随机方式走完搜集、发散与组织步骤,并且漏掉了最重要的收敛过程。"拼凑罗列"属于质量最差的建构模式,也是多数人所采取的做法。

第二阶的"标题展开"

标题展开的代表性图形为"组织结构"。这类型的规划者具有中度视野,视建构想法为由上而下、层层展开的过程。这种做法,能为每个想法都找出清楚且合理的位置,并且完成定位。依据"标题展开"的规划者,在搜集、发散、收敛、组织等四个流程中,以结构性的方式完成搜集、发散与组织想法步骤,但是仍缺少了第三个收敛步骤。在所有规划者中,只有少数人能依照"标题展开"方式发展内容,这种做法内容虽然清楚,但是仍面临时效性、系统性,以及说服力等的问题挑战。

最高阶的意义思考

意义思考的代表性图形为"藏宝图"。这类型的规划者认为,当所有数据搜集完成后,需要为整体内容先找出"意义性",接着再删除与"意义"不相关的元素。任何规划者必须先完成这道收敛步骤,才能接续展开后续内容,因为收敛想法是建构有效沟通流程中最重要的部分。人们看得越近,就容易看得越少。能够进行意义思考的沟通者具有高度视野,能完整走过搜集、发散、收敛、组织四个流程,并为所有内容建立一个"集体共识"。采取这种做法的规划者,能提供对方整理过后的"懒人包",因此能让传递想法的过程变得了无障碍。

采取"由下而上"的规划法,容易造成想法断点;采取"由上而下"的规划法,容易导致内容大量发散。不采"拼凑罗列",不依"标题展开",而是以意义思考收敛想法,才能展现沟通的说服力与组织性。

重点结论

在沟通的世界里，搜集、发散、组织等步骤只是基本过程，唯有收敛想法才是王道。PPT属于资料呈现时的表达工具，便利贴属于搜集、分类及组织想法的工具，组织结构与思维导图属于想法缜密的结构型工具。所有上述工具之中，没有任何一种做法，能够协助规划者进行想法收敛。当规划者漏掉这个关键步骤时，沟通就会潜藏没有策略与抓不到重点的风险。这就是我们每天日常之中，看到大多数沟通的共通性问题。

规划者好比是厨师，主要任务在于代客料理并且赋予食物美味，而非提供他人丰富新鲜的食材组合。以"拼凑罗列"与"标题展开"方式规划想法，充其量只是完成整理程序。搜集信息只能丰富内容，整理想法只能让人理解，唯有进行意义思考，让所有元素在一个"独特观点"之下展开，才能产生说服力与进行有效沟通。

不要企图说明太多重点，同时也要避免大量锦上添花。在一个成熟的沟通里，一切内容之间，应该要有一个始终如一的概念贯彻其中。大多数沟通者其实不理解自己的主要任务是什么？身为规划者的主要任务，就是想尽办法找出想法的"意义性"。这个极小东西，在沟通里却占了最大部分，只要讲到了事情的"意义性"，你就讲到了一切内容。

第4章
意义思考的实际操练

- 事情要有点难度,生活才会有乐趣。

- 进行意义思考时,不要急于找到答案,没有经过一番寒彻骨,得到的也不会是最佳答案。

意义思考的内在条件

高度的探索意愿

好的意义思考者是解密者、探索者、发现者、自寻烦恼者。他们并非全知全能，但是相信每个产品与服务的背后，都隐藏着一些不为人知的秘密。这些秘密，只留给极少数的有心人去发现。因此，他们带着好奇心踏上旅途，直到看出事情端倪、破解世俗定见之前，绝不放弃、永不罢想。

好的意义思考者也是一个大智若愚者，他们具有"无知之知"（Not-Knowing）的智慧，不论面临的课题是难是易，都习惯对于事物的本质性提出疑问。即使答案看似明显可见，都会再次进行发现。即使面对再熟悉不过的自己，站在镜子前面都会重新思考一下，镜子里的那个人究竟是谁？

意义思考者将规划历程视为一趟寻觅之旅，而非信息搜集与整理内容的过程。因此，拥有高度探索意愿，比起具备探索能力更为重要。意义思考者具有十足的好奇心，相信万事万物的背后，一定有个更高、更好的主轴想法。

如果对发现事物的本质拥有好奇心与探索意愿，你已经是半个意义思考者。如果还能拥有足够的耐性进行长时间探索，那你已经具足了优秀思考者的全部要件。你相信任何事情和月亮的背面一样，都存在着一个秘密等待着有心人去发现吗？你是否愿意逼着自己去寻找？如果缺少这个部分，你将永远无法一窥意义思考的终极意义（final meaning）。

进行耐力思考

贪心、怕死、没耐性，是人类沟通时最常犯的三种毛病。因为贪心，所以什么都想放进来。因为怕死，害怕内容不足会被批评，所以什么都想放进来。因为没耐性，所以无法按部就班地走过每一个步骤，以及无法与重要问题长期相处。

规划者要进行意义思考，很简单也很困难。简单，在于你只要愿意去想就可以了。困难，在于你要能够想得够久、经得起时间煎熬。对大多数人而言，他们其实拥有意义思考的潜能与所需要的一切能力。只是，他们的耐性不够强，无法想到不能再想。在专业的世界里尽是疯子，成功者经常以变态的方式存在：有大困难才有大成就，如果想让自己成为一个更好的意义思考者，就必须试着与无尽的黑暗相处，并且拥有比他人更多的思考耐力。

练习一下

针对车子是什么进行意义思考,如果有特定喜欢的车种,例如:跑车或是旅行车,可进行更聚焦的意义思考;也可针对某一车款思考本质性的问题,思考该部车子的意义是什么?请试着以"一句话"的方式,描述完成这部车的所有特点。

每年全球汽车市场会推出两百至三百款新车。大部分车款都被广告营销人员赋予了一个"独特意义",让它们能在众多竞争对手中,显示出独特的生命力。

关于车子的意义思考,整理几种说法如下:

- 车子是A点到B点的移动工具。这个答案分数很低,虽然说法百分之百正确,但是完全无法展现出思考深度。
- 轿车外表、跑车灵魂。这是一家欧洲高级车厂,对于旗下高性能房车所进行的意义思考。这个答案很棒,指出了许多男性在日常生活中也有机会体验赛道上的速度感。
- 幸福房车。多年前,一家车厂对于旅行车的意义思考,这个答案也很好,还原了在一个较大的移动空间中,较多的成员、宠物等共同出游的场景。
- 其他说法:进化的总和、遇见下一个全新的自己……

规划者要打开脑洞，看见每个事物背后的"意义"。每个事物背后都存在着银河系数量等级的可能性。毕竟，我们的大脑就是一个小宇宙，而它永远不可能被抽干。汽车是什么？人类是不断追求意义的动物，对于许多男人而言，车子不只是车子，它不仅是一个会移动的铁盒子，不只是单纯的代步工具。对他们而言，车子更像是情人。车子怎么变成了情人？但是，你是否觉得这种描述，比起前述答案更加正确？而且更加有魅力？

　　再举其他例子。拥有一部重型摩托，是许多男人一生中一定要追寻的梦想。如果你想说服好友一起加入骑乘行列，你能够以意义思考方式，找出独特的诠释点去说服他人吗？你要如何将自己亲身体验到的驾驭感受，传递给一个零经验的人呢？下面这个说法你觉得如何？有人说："骑重型摩托是地表上最接近飞行的体验。"你能提供一个比上述说明更好的答案吗？

意义思考的最佳做法

意义思考是一种你必须认真去看、认真去找,是你必须历经千辛万苦之后,才可能发现的东西。意义思考是一种高度仰赖后劲的工作,它遵循一项自然界的重要法则:"量变造成质变"。如果以白话来解释,就是:你要从一堆烂东西之中发现好东西。

如何为事物找出一个好的"意义"?以开放的心态加上无限的耐性,就能想出最好答案。意义思考的重点技巧,在于避免让自己的大脑存在着"单一揣测性"。

也就是说,你需要在别人看不见的地方下功夫,先要求自己当个彻底的失败者。你要让大量想法先死在自己的大脑之内。最后,才可能出现一个绝世想法。

意义思考者相信文火慢炖的力量,相信在物理过程中将会产生化学变化。当想法的数量到达某个临界点时,就会异想天开产生突变,出现一个截然不同的观点。时间是一切的关键因素,因为它能把一切不可能转化为可能。

以更多的投入时间产生更多的想法数量,而想法的数量能够确保产生多元观点,而多元观点则是产生绝佳"意义"的最佳做法。

意义思考的发展阶段

人们进行意义思考时，想法深度会经历三个阶段：膝盖反射期、理性思考期、变异思考期。当人们刚开始思考时，处于膝盖反射的浅层阶段，所得到的想法经常只是直觉反应与基本常识。接着，逐渐进入探究各种可能性的中程阶段。最后，随着想法数量的持续增加，在某个时间点将产生全新的洞察观点。

所以，我给予意义思考者的建议是：你最好不要采用前面出现的一百个想法。那么第一个想法呢？当然就更加不建议使用了。因为，第一个答案通常都是众所周知的答案。多数人习惯轻易下结论，在意义思考的世界里，五花八门的想法才是制胜关键。意义思考重点不在于发现标准答案，而是寻求最多元化想法的可能性。

测试自己的人格特质

为什么多数人不耐久想、无法坚持，无法想到最后一刻。因为我们的大脑习惯处于待机与关机之间的"省电模式"；而非让自己变得更好的"上进模式"。人们的大脑是个懒惰虫，它喜欢放空与胡思乱想，不喜欢在同一件事情上长期纠结。

意义思考是一种带着痛苦成分的烧脑活动。等待、挫败是构成意义思考的主要部分。如果人们可以选择，多数人宁愿选择"动手"而非"动脑"。对于许多人而言，他们能够连续跑上好几个小时，却无法静坐在桌子前面十分钟。判断你是否具有意义思考者的人格特质，请试着回答下列十个问题，回答"是"的题目，每题以一分计算：

---

1. 对于产生想法主轴，我能够坚持并想到提案前的最后一刻。
□是 □否
2. 我注重想法质量，希望自己提出的想法能够与众不同。
□是 □否
3. 在规划流程中，我会以最多时间进行想法的意义思考。
□是 □否
4. 我是一个擅长多元思考的人。
□是 □否

5. 我能够与自己长期独处，并能体会到思考的乐趣。

□是 □否

6. 我能将一个问题长期置于心中，并且反复进行推演。

□是 □否

7. 我相信想法的质量来自数量的累积。

□是 □否

8. 规划想法时，我会找出一个主轴以贯穿所有内容。

□是 □否

9. 我会针对普世价值观提出疑问，并且提出自己的观点。

□是 □否

10. 我喜欢突破表象，探索事情背后的"意义性"。

□是 □否

计算结果：

·总分七分（含）以上：非常好，你已经具备成为优秀意义思考者的高度潜能。

·总分四至六分：还不错，在思考时间上要再多点坚持，试着产生更多的想法数量，就能逐渐迈向意义思考成功之路。

·总分三分以下：从现在开始加油！为了成为意义思考者，加强耐力思考以及培养自己与问题本质长期相处的能力，是你现阶段最重要的任务。

练习一下

请思考桌子的"意义"是什么?

或许,从有人类的那一天起,世界上就有了桌子。它从一块大石头开始,进化到具有各种各样的功能。意义思考与我们的距离不远,它就在日常生活之中。你所认为的桌子就只是桌子吗?桌子除了是放置东西的平台,或是家人吃饭聊天的地方,桌子还存在着怎么样的"意义性"?意义思考就是习惯去挑战思考中的理所当然,我们要视一切的平凡为不平凡。

桌子是个人成就的起点。很多成功人士的阅读、学习、思考,以及规划未来,都与书桌息息相关,它是能让很多事情发生的起点。

桌子是家人情感的交集点。家人大多数时间各忙各的,只有吃饭时间才能聚在一起进行感情交流。

桌子是让人类能够长时间固定相同姿势的辅助工具。因为人类的生理构造不同于其他动物。人类无法久站,如果要长时间做一件事情,就必须利用桌子及椅子进行辅助,以减少脊椎的承受力。

桌子是一种辅助室内主视觉的设计工具。桌子不只是桌子，餐厅的灯光也不只是灯光，而是整个室内空间的主视觉，桌子即是与这个主视觉进行搭配的重要设计元素。

上述几个答案，你觉得哪个说法比较好？如果要说服外星人开始使用桌子，哪种说法比较能够打动他？不过，更重要的是，你能觉得上述答案其实都不太好，而相信自己能提出一个更好的观点吗？

桌子可以有无数定义，在每个定义之下，规划出来的产品形式与功能性都会大不相同。从上述几个范例中，你能隐约感觉到意义思考与市场商机的关联性吗？如果你愿意持续思考这个问题，甚至有可能发现人类到目前为止，这个家具不为人知的秘密，然后以全新概念设计出划时代的桌子。

意义思考跟酿酒是一样的，如果让想法待在大脑里的时间越久，想法质量就自然越好。和自己来场心智的马拉松吧！挑战看看，你能以一个星期、一个月，甚至一年时间，持续思考这个问题吗？如果你愿意接受这个挑战，或许一年之后，你将成为世界上最了解桌子内涵的人。

意义思考者相信，虽然"意义"产生是采取不确定时间的"瞬间完成"模式，但是所付出的时间仍将与收获呈现正比关系，等待得越久，捕获的猎物也将越加肥美。苦恼的成分越多，想法的爽度就越高。不论任何领域，越成功的人，背后一定有着更长的身影。一流的意义思考者的大脑深处充斥着的尽是高频率的头痛与满满的挫折感。

意义思考的失败与成功

为什么人们进行意义思考时，总是习惯草草结束、无法深思？主要有以下三个原因：原因一，无法忍受不清不楚，不愿意在黑暗处久待，渴望早日真相大白；原因二，对于时间敏感，不容许时间浪费在等待上，看不见任何具体产出；原因三，缺乏时间管理观念，也就是纪律松散，导致思考怠惰。

原因一：无法忍受不清不楚

人们面临混沌未知的情形时总是心生恐惧、急于求解，期盼早日找出事实真相。相较于发现秘境时的乐趣，多数人更喜欢朝简单明确的道路前进。人们不愿意在黑暗中久待，只期待黎明早点到来。意义思考者是擅长心智长跑的马拉松选手，能把一个问题久悬心中，并能忍受觉醒前的漫长等待与结果未知的不确定感。

不只光明才是力量，黑暗也蕴含着一股力量，所有痛苦都同时夹带着美好。所以意义思考者愿意在黑暗处久待，他们相信宝藏就在黑暗尽头，没有走投无路，就没有柳暗花明！

原因二：习惯追求效率

继全球暖化之后，个人也随之"暖化"。在现代社会中，气温不断上升的同时，人心也跟着躁动。快！快！快！任何事物都要马上见效。笑话要立即好笑、重点要快速知道、答案要立马揭晓，连追个剧最好都能以两倍速的播放方式快速观赏，这样才能缩短一半知道结局的时间。

但是，追求效率却是意义思考的最大天敌。在意义思考的玩命关头里，沟通者需要的不是"速度与激情"，而是"时间与耐性"。思考上的快餐文化，会是意义思考质量的最大杀手。效率工作者习惯急于揭晓答案、破迷解雾，在包子还没蒸熟前就急于打开锅盖。注重效率的工作者，经常为了抢速度，丢了高度。因此，好的意义思考者经常是无效率的工作者，因为这种思考模式不同于其他，有着独特的过程与完成模式。整个意义思考的过程是如此产生的：

首先，规划者要在内心深处相信，每件事情的背后，一定暗藏着一个秘密宝藏等待人们发现，或是隐约感觉到整件事情其实并不单纯，它的背后应该有个更好的大概念。这种体会到思考空间上的可能性，能够触发人们探索想法内涵的意愿。

接着，规划者开始逐步进行想法探索，根据所搜集的信息进行各种思考方向测试。此时，关于想法的拼图碎片开始逐一浮现，但是所有片断却无法形成一个完整轮廓。

之后,规划者持续思考下去,发现自己不论从哪个方向切入,所得到的答案都可以接受但是却不满意,心中总感觉好像少了些什么。最后,在经历过无数次的方向测试与心志煎熬之后,在某个神秘时刻出现时,一个概念突然从天而降、直击脑门,而所有的拼图碎片在那个瞬间将突然形成一幅清晰画面。此时,所有细节也将同时归位,一切的疑惑迷茫也顿时消散于无形。

老天给你的礼物总是用困难来包装。当这个时刻来临时,如果冲得过去,你将对于所有内容的想法了然于心,内心十分笃定地知道,自己终于找到了长期以来一直在寻找的"那个东西"。对于意义思考者而言,他们愿意心有牵挂、陷入深渊,甚至长时间被一个问题反复困扰,就是为了等待这个"神秘瞬间"出现。

意义思考是一种瞬间完成模式

进行意义思考时,大多数的工作时间不是仰望天空就是低头沉思。这种行为模式,在许多人的眼里,似乎非常没有效率。实际上也的确很没有效率。意义思考这种思维模式不能确定过程与终点的时间长度,没有任何山雨欲来般的前兆,但是可能在任何时刻结束。意义思考属于"瞬间暴发"的工作模式,如图4-1所示。

意义思考不是依照一分耕耘、一分收获的"积沙成塔"模式,如图4-2所示,而是采取"瞬间完成"的顿悟模式。效率工作者习惯进行项目管理,眼睛盯着甘特图上的日期进度,随着时间推进,同时看着结果逐步发生。"瞬间完成"的工作模式,不但无法在工作进度上进行视觉量化,而且无法确定结束时间。

在这个世界上，大多数的工作模式就像是领薪水，具有一定程度的可预期性。而意义思考比较像是中乐透的感觉。在没有找出答案之前，意义思考几乎百分之九十九的努力都是付诸流水、直接归零，但是在最后一刻答案揭晓时，成果效益瞬间从零跳到百分之百。如果以运动类别进行比喻，意义思考不是赛跑而是钓鱼，大多数的时间都在等待而非前进。

图 4-1 "瞬间暴发"的工作模式

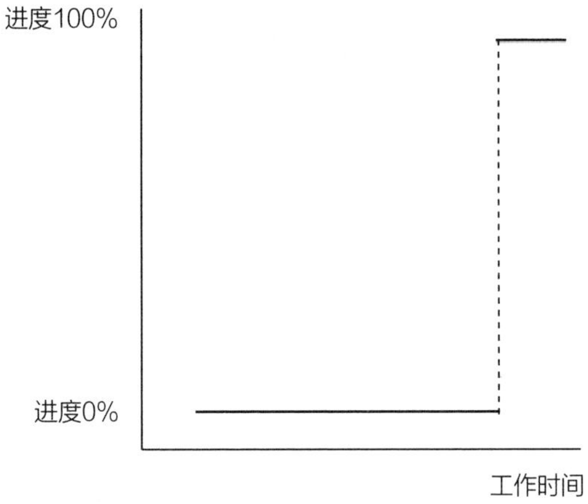

第4章 意义思考的实际操练

图 4-2 "积沙成塔"的工作模式

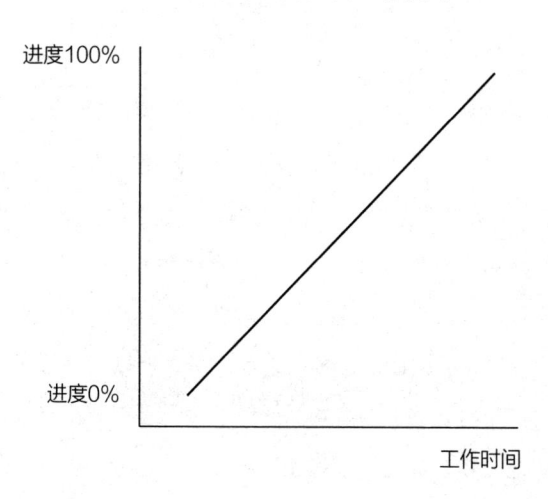

练习一下

意义思考是把一切想法先以高浓度方式压缩成"一句话",之后再来个大爆炸,还原出一切想法。意义思考拥有归纳细节与总结想法的力量。请读者在经历任何活动流程(听说读写)之后,以"一句话"的方式,总结所有内容。

例如:阅读完一本书之后,请试着以"一句话"的方式摘要出全书重点;参加一场研讨会之后,将演讲者所有演说内容总结成"一句话";看完一场电影之后,以"一句话"的方式总结所有剧情。

意义思考是一种化繁为简、重点摘要的能力,它能让复杂想法变得极度透明,使别人在最短时间内体会到整体内容的精华。意义思考经常以"××,简单来说,就是××"的句型方式存在。请试着把上述练习,套入这个句型之中。

例如:

· 关于一本书的意义思考:"这本书,简单来说,就是说明'工作组合方式'才是未来的职场趋势。"只要这么说,我们可能已经把十万字的书本内容,浓缩成了一句话。

· 关于一部电影的意义思考:"这部电影,简单来说，就是《侏罗纪公园》与《暮光之城》的结合。"只要这么说，我们可能已经把一百二十分钟的电影，浓缩成了一句话。

· 关于一场研讨会的意义思考："这场研讨会，简单来说，就是说明'核能发电与绿能发电'即将进行整体趋势反转。"只要这么说，我们已把一整天八小时的研讨会议程，浓缩成了一句话。

纪录片《赤手登峰》（*Free Solo*），记录了攀岩运动家亚历克斯·霍诺尔德（Alex Honnold）以徒手方式，攀爬优胜美地国家公园高达九百一十四米的酋长岩的惊险过程。为了完成这项人类创举，他以十年时间进行规划，再以一年半的时间进行练习。如何以一句话的方式为这部电影下"定义"？一位记者的答案如下："这部纪录片证明了人类可以凭借着万全准备，来克服内心恐惧。"我欣赏这个意义思考。

意义思考的力量

当你为事物找出"意义"时，沟通就从"建构模式"转变为"趋近模式"。采取这种做法所衍生的众多好处之一，就是能让沟通突破对象限制并且创造出时间弹性；不论一分钟、十分钟、三小时，都能让重点始终维持在相同轨道。因为在一个有效的沟通里，不论时间长短，只是说明的细节程度有所不同，但是大方向始终不曾改变。

再以前述的例子进行说明，看看意义思考如何突破"对象"与"时间"的限制。对于高时间成本的沟通对象而言，一本书我们只要花三十秒时间说明"工作组合方式才是未来的职场趋势"，就完成了所有沟通。如果对象是一般职场人，就先说明"工作组合方式才是未来的职场趋势"，接着再利用十五分钟时间，说明意义思考之下，所延伸出的三个主要概念。而如果对象是读书会成员，对于书籍内容深感兴趣，则在三小时的沟通时间里，我们依然是先说明："工作组合方式才是未来的职场趋势"，接着在这个概念之下，整理出三个主要概念，之后再加入更多的案例、故事、细节信息等内容。

一个有效的沟通，不会因为时间长度不同，而改变重点方向。不论三十秒、十五分钟，或者三小时，我们对于这本书的意义思考并没有改变，只是在深浅度上有所不同。于是乎，我们超越了两个沟通时的最大障碍，即"对象"与"时间"。

发呆与无聊也是一种前进

有些事情需要从行动中体验，有些事情必须在宁静中体会。你是一个追求效率的工作者吗？你喜欢热闹的聚会？还是喜欢独自思考？你喜欢积极作为？还是能够拥抱无聊？你能够独处吗？你喜欢独处吗？

对于很多人而言，他们天不怕、地不怕，就怕无聊。他们相信人类是快速逃离无聊的动物,因此习惯以许多的实时小娱乐(特别是手机)及琐事来解决无聊。对他们而言,或许行动很困难,但是等待、什么都不做,比无聊更加痛苦。

意义思考者所停下来的时间,远大于向前走的时间。积极两个字对他们而言,经常意味着:等待、杂思妄想、方向测试,甚至什么事情都不做。一个顶尖的意义思考者相信:人只要能够安静下来,就能从安静之中发现一些东西。意义思考主要凭借的就是一股安静沉潜的力量!

人多的地方不要去,让自己多点时间独守空闺,多点时间无所事事,少滑点手机,多点两手空空。意义思考者具有空性观念,相信一动不如一静。想要无中生有吗?那就必须先拥抱虚空,一切从没有开始,才能开始创造出一切。

采取"拼凑罗列"与"快速启动"的规划者,其实是一种自残行为,在还没搞清楚状况之前就完成内容的做法,只是为自己预先埋下一颗不定时的炸弹。意义思考为了让后续努力能够发挥正确功效,建议规划者最好能在构思初期处于被动状态。而这种被动状态,才是主动状态与最佳状态。

原因三:缺乏时间管理与自我约束能力

除了无法忍受不清不楚的感受与凡事追求效率优先,不当的时间管理观念也是造成规划者无法进行耐力思考的主要原因。他们在这场意义思考的挑战中,失败于自我调整能力不足。也就是说,在提案过程中,他们不是输给了竞争对手,而是败给了自己。

虽然，在这个世上有许多困难事情，但是大多数的困难只有一个：就是自己。许多限制因素都是从自己的内心开始。缺乏自制力者不知道，有效管理自己的注意力与行动力是创造意义思考与开启一切美好事物的必要条件。

缺乏时间管理与自我约束能力的工作者，经常来自以下三个问题：第一，忙碌：时间有限，但是要做的事情太多，最后导致无法掌握事情的优先级；第二，拖延：染上怠惰恶习，即使拥有充裕时间，却优先选择去做一些有趣但不重要的事情；第三，相信最后一刻的爆发力：做事情刻意踩底线，认为最后一刻完成的急迫感能够激发人类潜能，产出好构想。以下，针对这些问题进行说明：

问题一：忙碌

时间对所有人来说都是平等的，上至皇亲国戚下至贩夫走卒，大家都是二十四小时。习惯以忙碌当借口的人，经常只是因为无法区分事情的轻重缓急。具有"要事先做"的观念，才能避免让自己淹没在枝微末节的小事之中。

时间管理就是个人管理。即使我们再忙，都不可能比苹果公司创办人乔布斯更忙，如果他都能在新产品开发阶段，抽出大量时间进行意义思考，普通人在规划想法时，应当更有时间思考"本质性"问题。

别让自己过着如同蚂蚁般的人生，很忙，但是却忙得贫乏、忙得没有深度；也别把忙碌当借口，认为有时间再去做。重要的事情别总是等到有时间再去做，而是去做了就会有时间。进行任何事情的规划作业时，请试着"从量转质"，把真正少数重点的事情，以更多时间做得更到位。

要让自己、让产品拥有更独特的竞争力,你势必要具备意义思考能力。虽然事情总是太多,时间永远有限。但是身为一个意义思考者,还是必须学习如何优雅地活着。

意义思考具有让观点全面进化的能力,它也是企划人亘古不变的基本功。读者有空时,也不妨思考一下时间管理的"意义"是什么?在下一章的内容中,我们将以此作为练习题,进行时间管理的意义思考。

问题二:拖延

相较于忙碌与优先级管理不当的问题,因为怠惰所造成的拖延就较不可取了。约有百分之二十的人具有此种习性,他们不论有事没事,社交软件、手游与网络趣闻,永远排在首要顺序,而处理正事总是次之。具有习惯性拖延的规划者,只要轻松容易的事情一出现,就会马上转移注意力。

人们经常自己为难自己。凡事喜欢拖延的人,总是活在更大的压力之下。因为,在他们的心中同时要面对两种压力。第一种:事情截止的压力,这是所有规划者都会面临的压力。第二种:担心事情进度的压力,这是拖延者自己创造出来给自己的压力。任何规划者如果没有做好日常生活管理,以最多时间进行意义思考,将会丧失让许多美好事情发生的概率。

问题三:相信最后一刻的爆发力

也有部分规划者相信:将规划作业安排在最后一刻完成才能得到最佳效果。相较于拖延成性,他们的理由较为情有可原。在这些人的观念里,相信急迫感等同于创造力,这些人喜欢在高空中走钢索,体验最后一刻完成交件的成就感。

这类型的规划者,活在"人为难度"加上"虚幻成就感"的幻觉之中。不要放火烧自己,事情难度是固定的,选择在最后一刻完成并不是事情难度,而是人为难度。当事情循序渐进完成时,规划者不见得能体会到成就感,但是当生死关头出现时,在铁门拉下之前交件,反而能让许多规划者体验到最后一刻完成的成就感。人类真是奇妙的动物!其实,这只是自己创造出来的虚幻成就感。仔细想想,让自己拥有高质量想法的成就感,应该比起完成事情的成就感更为重要才对。

时限压力带来的急迫感,的确能帮助人们更有效率地处理事情,但是不适用于意义思考的思考模式。因为,工作任务有两种类型:"解决问题"与"产生想法"。前者属于定义清楚、目标明确的任务类型。此时,急迫感能让人排除周边信息,以关闭视野的方式让人们更能集中火力,以找出标准答案。而意义思考所寻求的是开放性选项,目标在于追求想法数量的极大化,它属于"产生想法"的任务类型,因此急迫感带来的想法自闭,只会限制视野,让思考范围更加狭窄。

心力覆盖率与意义思考的质量

对意义思考者来说,及早开始是十分重要的思考习惯。因为你无法改变事情的截止日期,但是可以决定何时开始。一个具有穿透力的洞察来自规划者的心力覆盖率,也就是当你接到任务时,在规划起点与终点之间,总共付出了多少心力,如图4-3所示。规划者的心力覆盖率与意义思考的质量之间,具有高度的正相关性。

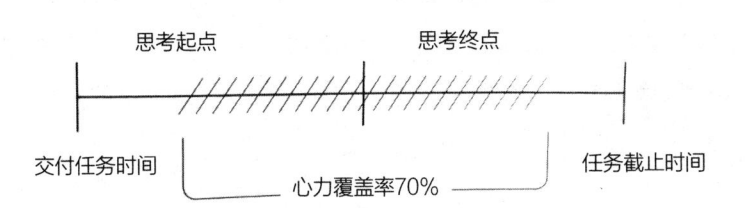

图 4-3　意义思考的心力覆盖率概念

```
     思考起点         思考终点
  |——————————|——————————|
交付任务时间                  任务截止时间
         心力覆盖率70%
```

心力覆盖率＝思考起点与终点之间的时间／交付任务与任务截止之间的时间

意义思考不是劳力密集型的工作，但却是劳心密集型的工作。因此，能够在多久之前开始是成功的关键。一流的意义思考者相信，只要提早一点开始准备，就能拥有更多空间，而更多的空间能让人的头脑清醒，想法百花齐放。

回想一下，自己最近一次的规划案是如何完成的？你的思考起点与思考终点落在图4-3的哪个位置上？也不妨设想一下，假如今天接到一个指令，主管要你在两个月后，提交一份新商品开发企划书，你会从哪天开始进行意义思考？是从明天开始？还是先让时间放水流两个星期，之后再看心情决定何时开始？如果你是正常人，上述所预估的时间还算保守，因为大多数工作者会让大脑先放空一半时间。也就是说，从接到任务起的一个月后，才会开始启动规划作业。

太多的意义思考失败于太晚开始，又太早结束。古人言："天道酬勤。"让自己处在最辛苦、甚至最糟的情况时，才可能出现最好结果。

如果你愿意用尽全力思考，就会有两股力量同时帮助你："意识"与"潜意识"。除了清醒时，大脑的意识能帮助你产出想法之外，忙于其他事情时，甚至于睡觉时，你的潜意识也将持续为你工作。认真的意义思考者能够启动潜意识为自己工作，这就是产出高质量想法的关键。

沉淀期的重要性

除了发奋图强，适度休息也能提升意义思考质量。有时候，什么事情都不做，反而最有生产力。当然，有些休息就只是小憩片刻，而努力之后的暂停，就会变成一种前进。早一点开始想，再坚持想到最后一刻，中间再多留给自己一些离开现场的时间，就能让想法充分进行发酵，产生高质量"意义"。

意义思考不是逐步完成，而是瞬间产生。在这个看似神秘、不可预期的过程中，其实规划者可以使用时间管理与工作态度的技巧，去产生计划性的偶然，进而提升最后产出的想法的质量。

重点结论

　　本章内容讨论如何进行意义思考。拥有好奇心、喜欢探究想法本质,能够进行"耐力思考",就已经具备成为意义思考者的所有条件。只是大多数规划者因为时间管理观念不清,或是思考耐力不够,以致无法进入意义思考的最高殿堂。

　　成功,就是把最重要的事情做到极端,其余事情做得差不多好。放眼世间,值得我们倾注洪荒之力去做的事情其实不多,而意义思考就是其中之一。规划者最重要的任务,就是做好想法的源头管理。很多事情可以轻松掠过,但是意义思考这件事情,是永远无法进行Cost Down,为了得到一个完美结局,它值得我们投注大量心力去探索。

　　事情要有点难度,生活才会有乐趣。进行意义思考时,不要急于找到答案,没有经过一番寒彻骨,得到的也不会是最佳答案。先把问题暂存心中,再以长时间进行思维酝酿。意义思考是一种必须用尽全力后才能体会的心法。而你为它所吃过的苦,以及死去的无数脑细胞,都将在未来成为一份最高价值的礼物。

　　好的意义思考者身后都有一个狭长而孤独的背影。他们擅长人间蒸发,多数时间只是静静地徜徉在专属于自己的小宇宙中。他们相

重点结论

信：世界变化越快、心就要越静。多留给自己一点放风时间，多一点深度思考，才能想别人所不能想，见别人所不能见。

活在十倍速的时代，凡事都被表面掠过。意义思考者却选择了逆向操作法，以慢工出细活的方式进行"本质思考"。为了让自己成为更好的意义思考者，规划者必须吞下这颗"耐心果实"，如果你能拥有与事物之间长期相处的能力，你就拥有让自己一辈子受用的能力。

第5章

意义思考的公式与练习

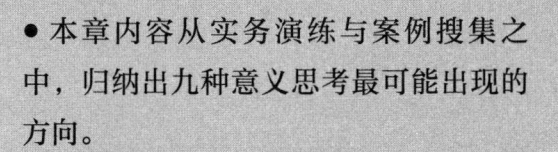

- 本章内容从实务演练与案例搜集之中,归纳出九种意义思考最可能出现的方向。

- 内容包括更高一阶、衔接至下一个阶段、关键时刻、重新定义、采取不同分类、历史中的独特性、最后一块拼图、重中之重,以及多方交集。

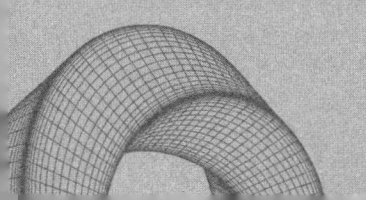

掌握公式，胜过盲修瞎练

要为想法产生一个好的"意义"，可分为长效做法与短效做法。第四章提及的内容属于长效做法，建议规划者从练好基本功做起，让自己能够长时间隐身暗处进行"意义"开采，直到想到面目全非、整个大脑亮起来为止。本章内容说明短效做法，提供读者进入意义思考领域的快捷方式。

运用公式找出快捷方式的好处

短效做法不是从思考的本质下手，而是找出快捷方式，从已经发展出来的、众多较好的意义思考范例中，反向归纳出一个"好意义"最可能出现的思考方向。做任何事情努力与否其实并不是重点，而是先要确认自己在正确的方向上努力。对于刚进入意义思考的初学者而言，比起毫无头绪、天马行空地摸索，采取短效做法能提供以下两个好处：

好处一：应急使用

在最理想的构思环境中，意义思考者应该具备充足的时间资源，在没有任何时限压力的情形下，如同哲学家般地进行深度思考。也就是说，只要拥有足够的时间资源，就能让一切事情发生，转化不可能为可能。但是，在现实条件之中，时间除了是最常见的限制条件之外，你甚至会遇到临时交提案的突发状况。

短效做法是面临时间压力或是被下最后通牒的情形下，规划者并非只能选择一个差强人意的答案。如果临时通知明天就要提案，如何让自己将有限的时间资源押注在有效的方向，产出一个至少八十分的答案？此时，意义思考公式提供的思考方向就能发挥功能，甚至能让你轻易地打败大多数竞争对手。

好处二：衔接长效做法

意义思考属于抽象式思维，既没有标准答案，也没有固定产出模式。因此，对于初学者而言，较难掌握其中诀窍。不过，相较于盲修瞎练、无所适从，选择从几个最有可能的方向切入意义思考，将是锻炼规划者基本功的有效做法。

意义思考的基本公式

以下几种思维方向，是我执行过上百场意义思考工作坊实务演练后，归纳出来的基本公式。

依靠这些基本公式来思考，除了能以一个整体概念（也可视之为沟通时的叙述逻辑）带出所有细节，同时也能强化行动呼吁（Call to Action），产生说服力。

公式一：往更高一阶思考，找出一个比现状更大的东西

"更高一阶"的思考方向，就是去找出一个比现状更大的东西，去超越竞争对手与产业观点。"更高一阶"的思维，意味着你的想法高人一等，比起他人更具有宏观视野。沟通就是一种"超越表象"的过程，让自己站在制高点，采取居高临下的姿态俯视其他竞争对手。更高一阶是意义思考公式中，出现概率最高、应用范畴最广泛的思考方向。

是不是觉得自己的公司，在产品、服务、营销等许多面向，都能同时超越竞争对手？但是，即使你的内容讲得再多，对客户依然没有说服力。此时，不妨将几个面向整合起来，发展出"更高一阶"的想法，例如："战略伙伴"。相较于东跳西跳的叙述方式，其实沟通者只要把这句话讲清楚，接下来的说明就能明白无误。但是，如果表达者没有讲清楚这句，对于他人而言，听到的就只是大量的琐碎片断。

相较于说明公司与客户之间属于"产品代工"关系，"战略伙伴"即为"更高一阶"观点。产品代工说明了公司与其他竞争对手的差异性。不论他们的营业规模是大是小，所提供的服务也仅止于委托制造这个单一面向。而"战略伙伴"的切入角度，代表本公司除了提供"产品代工"这个基本功能，还给予客户其他面向的更多服务。当这个重点被有效凸显时，你也提醒了客户对于代工者的评估角度，不能停留在价格

单一元素，其他综合面向里的特点（例如：参与共同研发、分享产业机密信息、提供财务协助……），也应该纳入整体考虑。

"更高一阶"的代表性视觉图形为对照式的卫星图，如图5-1所示。它将其他竞争对手以单点方式呈现（图形左侧），对照出自己是一个具有全方位视角的服务提供商（图形右侧）。通过单点与全面性的对比，展现出压倒性的竞争优势，以说服他人采取行动。

"更高一阶"的思维，经常以"××'不仅是'××，'更是'××"的句型方式出现。例如："我们'不仅是'代工厂，'更是'你的战略伙伴"。这个公式以"××不仅是"去否定一般的世俗观点，接着再以"更是××"登场，以强调自己构想的独特性。

图 5-1 "更高一阶"思维的代表性图形

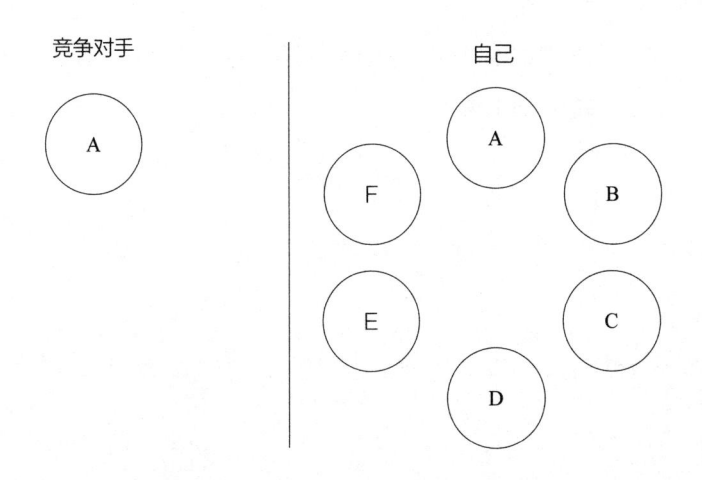

在此必须再次强调：别让意义思考沦为包装话术。从这个思考方向切入，并不是把自己还没做的事情讲得跟真的一样，而是去发现这个事

实：长期以来，我们一直比竞争对手做得更多、服务更好。原来，这么多的用心服务并"不仅是"服务态度良好，而是因为我们选择站在"战略伙伴关系"的思维去持续这段关系。因此，我们不只是执行"代工指令"，还为客户创造了许多"附加价值"。

沟通者即使讲了再多内容，如果少说了"战略伙伴关系"这句话，所有内容都将成为一盘散沙。如果沟通者讲到了这句话，整份简报也就确实有了"重点"，甚至连后续即将说明的一切内容，都进行了事前预告。

其他"更高一阶"的意义思考范例如下：

1. 便利商店：我们"不仅是"销售日常生活用品，"更是"你方便的好邻居。

2. 防病毒软件：我们提供的"不仅是"防病毒软件，"更是"信息安全。

3. 简报遥控器：这"不仅是"远程遥控设备，"更是"拉近台上与台下之间距离的沟通工具。

练习一下

请思考公文包的"意义"是什么？就你的观察，公文包对于上班族的"意义"，是否只是装入办公用品和公司文件？你觉得男用公文包与女用公文包代表的"意义性"是否相同？如果由你负责开发一款新型公文包，你会如何开始展开规划动作？或是做哪些准备功课？你有打破坊间对于公文包"意义"的勇气与企图心吗？还是认为公文包就只是公文包，没什么值得伤脑筋的？

为了让自己成为一位更好的公文包设计师，或是更高水平的前期规划者。你不该只是从观察欧洲流行产业的最新趋势，或是上Pinterest.com（一个提供设计参考的网站）搜寻其他人的相关设计。然后，找出一些流行符号与设计语汇，再以不着痕迹的方式，将参考来的想法融入自己的设计之中。当然，如果你只是想交差了事，或是对于自己作品的要求不高，采取这种借鉴做法并没有错，也很有效率！

但是，如果你想要做一些不同于以往的事情，或是要求自己以"作品"而非"工作"的心态做事，甚至想在天

练习一下

地间留下一些自己曾经活过的"证明",那你所要做的第一件事,就是进行意义思考,从问一个基本问题开始:公文包的"意义"是什么?人们为什么要使用公文包?同样是公文包,男用与女用的公文包在"意义"上其实大不相同。对于女性使用者而言,在使用"意义"上会更接近于配件,主要用于搭配服装。但是,对于男性使用者而言,公文包在"意义"上,则更贴近于移动办公室。

"服装配件"与"移动办公室"属于两种截然不同的意义思考。因此,设计师最终规划出来的公文包也会大相径庭。在这个概念下,我们可以预期女用公文包的设计重点在于搭配性,而男性公文包的设计重点则在于功能性。

如果你想成为一名更好的意义思考者,就要习惯去否定现况与已知,将视角拉高到别人眼界所不及的位置。所以,男性公文包"不仅是"公文包,"而是"移动办公室,这种意义思考思维,就是从"更高一阶"的视角出发,以Zoom Out(拉远景物)的方式进行本质性思考。

公式二：衔接至下一个阶段的思考方向，把现在当成未来

"衔接至下一个阶段"的思考方向就是说明：现在，就是未来。这个公式的基本假设是：历史的发展不是线性前进的，每隔一段时间就会进行阶梯式跳跃。如果目标对象想要达成永续经营，不想被时代的洪流吞噬，就必须离开舒适圈，并在关键点做出转型的决定，为"衔接至下一个阶段"进行准备动作。

不论任何产业、产品或服务，所有事物的发展趋势皆是"算法"加上"阶段式创新"，如图5-2所示。当新产品刚开发出来时，会依循渐进主义逐渐进行改善（算法阶段），隔了一段时间之后，就会进行跳阶式升级（阶段式创新阶段），以全新概念重新架构想法。此时，能完成产业升级的公司就能顺利存活，跟不上时代脚步的公司就会惨遭淘汰。

图 5-2 产品与服务的发展趋势

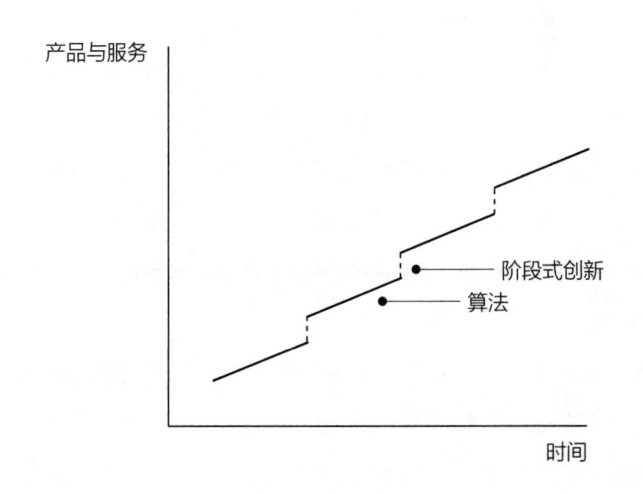

"衔接至下一个阶段"的叙述逻辑，是先回顾以往产业的发展历程，接着再说明公司的目前处境，最后强调当前处于跳阶式升级的前夕，为了接轨未来产业趋势，现在必须进行升级决策，以做好应对未来的准备。

例如：在一个扩厂的建议案中，提案者首先需要着墨的重点，不是新厂的产能大小、厂址选择，或是设备费用等细节规划。如果直接说明这些内容，演示者就会被高阶主管指责"不知所云、讲不到重点"。对于决策者而言，比起上述内容更重要的是：扩厂这件事，对于公司而言，代表的"意义性"是什么？这个举动对于市场变化，或是对于公司未来的经营方向，会产生怎么样的影响？

因此，在这个提案中，完整的叙述逻辑不是采取单刀直入的方式，说明扩厂的相关细节，而是先说明这个产业目前所处的市场概况，从早期经历了"生产"导向，之后步入了"销售"导向，目前处于"服务"导向阶段，而在不久的将来，即将迈入"价值提供"导向阶段。

所以，在此次提案中，一切内容其实只存在一个真正重点：此次扩厂所代表的"意义"是"让公司产品能从目前的服务导向，衔接至下一个阶段的价值提供导向"。这句话就是此次提案最重要的概念。后续的内容说明也应该紧扣这个主题，然后向下展开所有想法。也就是说，在这次说服过程中，先让目标对象掌握"衔接至下一个阶段"的概念，之后再陆续说明建厂规划、选址决策，以及建置成本等内容，才是正确有效的沟通法。

"衔接至下一个阶段"的代表性视觉图形为阶段图，如图5-3所示。这种意义思考类型不以特定对象作为竞争对手，而是将重点放在能跟上整个产业的未来发展趋势上。"衔接至下一个阶段"以阶段图显示目前公司所处的位置，以及目标对象同意后，所能达到的全新高度。这个意义思考公式是通过提出"下一个阶段"的愿景，来呼吁目标对象应该采取行动。

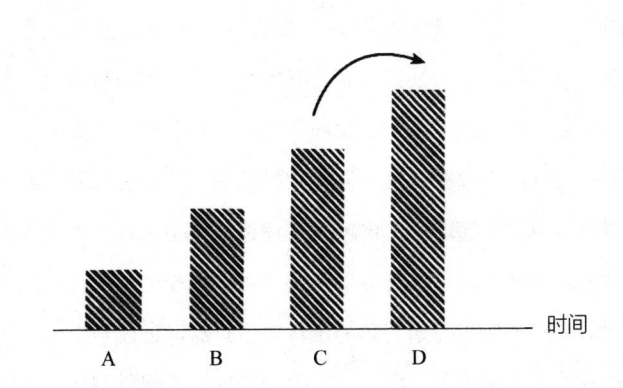

图 5-3　"衔接至下一个阶段"思维的代表性图形

其他"衔接至下一个阶段"的意义思考范例如下：

·电信公司软硬件设备投资案：电信产业过去从移动电话（1G）、信息收发（2G）、图文传送（3G），发展至目前的移动视讯（4G），为了"衔接至下一个阶段"：万物互联（5G），所以需要进行软硬件的设备投资。

·零售通路升级方案：从草创期的实体通路，发展至十年前的网络通路，目前处于虚实通路的整合阶段，为了顺利"衔接至下一个阶段"：无人商店，所以需要进行零售通路的改造升级。

·生产设备采购方案：电子屏幕历经CRT、LCD等发展历程，目前进入PDP阶段，为了"衔接至下一个阶段"：OLED，所以需要进行新设备投资，以接轨未来的市场主流趋势。

公式三：寻找关键时刻的思考方向，从最佳进场时间切入

相较于"衔接至下一个阶段"是在同一个发展方向上直线前进。"关键时刻"则属于替换式创新，它宣告一个时代即将结束，另一个时代即将开启。"衔接至下一个阶段"是同类性质的能力升级，改变主要来自科技力量，就像游戏机不同世代产品的设计概念差异。而"关键时刻"则像是CD走入历史MP3时代全面来临的情况。

"关键时刻"的叙述逻辑，主要说明事情经过了一段时间的酝酿之后，新旧两股力量即将来到趋势反转的转折点，也就是主流与支流之间即将进入"主客反转"。因此，决策者在此"关键时刻"的时间点，必须做出大方向的转型决策，以避免公司的产品或服务没有跟上时代脚步，而成了明日黄花。

例如：在以往的选举活动中，电视、报纸等传统大众媒体是候选人进行营销宣传的主要管道，而网络媒体则扮演着配角的角色，充其量只是整个媒体组合中的一小部分。但是，随着时间逐渐推移，在此次选举活动中，网络媒体与大众媒体的重要性，进行了主辅互换，网络声量反而成了最重要的宣传指针，而传统媒体的影响力则在逐渐变小当中。

在上述案例中，如果我们要针对某次选举活动进行观察报告，重点不在于说明候选人如何结合网红拉抬网络声量，或是利用自媒体进行直播，而是拉近与年轻朋友的距离。在众多的网络营销操作手法之外，最

重要的是指出大众媒体与网络媒体在此次选举中，已经来到黄金交叉的"关键时刻"，之后再加入个人观察与案例分析进来。如果在分析中，缺少"关键时刻"这个最重要概念，则再多的网络营销手法说明也很难指出整件事情的重点。

"关键时刻"的代表性视觉图形是由上升及下降两条曲线所构成的黄金交叉，如图5-4所示。"关键时刻"的叙述逻辑为：识时务者为俊杰，与其在夕阳产业中苟延残喘，不如及早迎接明日朝阳。由此意义思考类型所发展出来的叙述逻辑有以下两种：

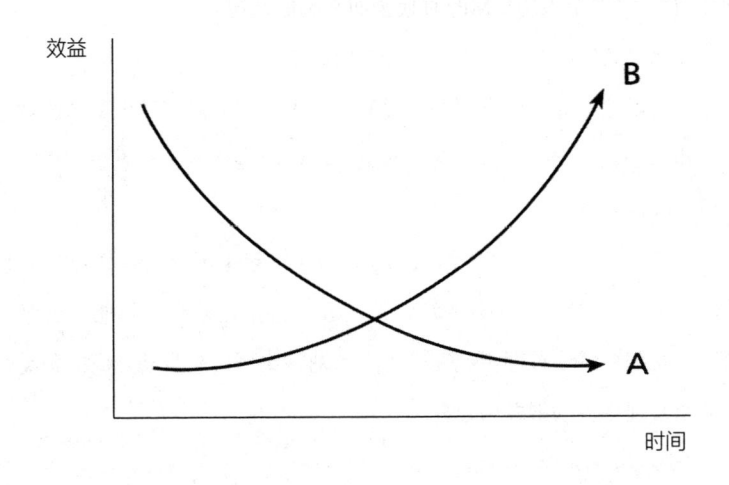

图 5-4　关键时刻思维的代表性图形

第一种，启动转型策略

如果自家公司的产品或服务处于即将消失的一方（A曲线），则需要强调从现在开始，如何分阶段进行比重调整，说明应逐步降低对于现行产品的依赖性,并且逐渐增加未来产品的投入比例。对于处于"由优转劣"之对象,在沟通过程中,也要对决策者传递出"此时不做、更待何时"的急迫感。

第二种,最佳时间点

如果产品属于即将觉醒发亮的明日之星(B曲线),则叙述重点在于强调此趋势并非昙花一现,而是根据长期验证、多方观点确认后产生的明确趋势。同时也需要强调,经过长期布局累积之后目前即将进入快速成长期,也就是说,对于目标对象而言,这将是大举进军新兴产业的最佳进场点,所以此时做出行动决策,可以快速取得最大边际效益。

其他"关键时刻"的意义思考范例如下:

·太阳能产业投资企划书:说明核能发电与太阳能发电两个产业之间,即将进入黄金交叉的"关键时刻",以此为主要叙述逻辑,再铺陈说明后续内容。

·通路产品规划策略提案:说明2018年起中国台湾开始出现人口反转,人口死亡率超过出生率,正式进入老年化社会。在此"关键时刻",企划单位应该逐步改变店内产品销售比例,减少幼儿商品种类,并持续发现更多的银发族商机。

公式四：从"重新定义"的方向思考，沟通者必须是擅长定义者

在各行各业中，大师级人物所探索的问题，不仅止于工法或是外观。他们通常花费最多时间在事物的"本质性探索"与"重新定义"上。比如许多建筑界巨擘，所思考的问题不只是材料力学与建筑结构，而是界定建筑物与人之间，以及建筑物与大自然之间的关系。

当乔布斯开发iPad时，首先思考的问题并不是功能要如何强大、外形要如何美观，而是思考iPad在智能型手机以及笔记本电脑之间，它的"存在意义"是什么？为什么人们在已经拥有了手机与笔记本电脑的同时，还需要使用iPad这个装置？

最终极的专业能力就是"定义"事物的能力。意义思考者擅长对事物重新下定义，伴随每一次的定义。"重新定义"的思维，代表规划者从全然不同的角度进行底层翻新，以打破世俗定见的做法，重新建构了原本大众所认知的想法体系。规划者如果习惯对想法进行意义思考，那就表示伴随着每次的"重新定义"，都有可能开启一扇全新的机会大门！

例如：思考室内温度控制器的"意义"是什么？人们在怎么样的情形下会去使用它？它所代表的"意义"是控制室内温度的高低，还是调整空调风扇转速的快慢？你能对这个存在于墙上已久的空调装置进行"重新定义"吗？请试着以全新角度，看待这个温度控制设备。

有"iPod之父"称号、曾于担任苹果公司资深副总裁的托尼·法戴尔（Tony Fadell）认为，人们会想要去调整那个空调装置，并不是因为想要控制硬件，或是调节温度。人们是为了让自己处于一个"最舒适的

室内环境"而去使用它。所以，针对温度控制器进行的意义思考：温度控制器，并不只是温度控制器（离开表象），而是让人能够身处最舒适室内环境的帮手（发现内涵）。

如果设计者认为，温度控制器的主要意义在于控制硬设备，在思考上就会以便利使用、人因工程，或是用户接口作为设计重点。如果设计者认为温度控制器的主要意义，在于让人身处于最舒适的室内空间，则设计重点就不在于机器设备的控制，甚至应该去思考：如何才能让使用者不会注意到它的存在。

托尼·法戴尔所设计的NEST温度控制器，采取主动记忆生活习惯的做法，依照用户的行为模式，做到让屋主离开空间之后自动关闭空调装置，在回家之前预先开启。而在入睡之后自动调整卧室温度，以符合用户的睡眠习惯。在这个对于温度控制器的"重新定义"之下，思考重点不是设备如何方便好用，而是如何才能减少使用者对它的关心度。

从这个案例中，我们可以理解，在新发现的意义思考之下，所设计出来的产品与传统产品之间，将有着完全不同的设计逻辑。虽然产品名称可能差异不大（或许只会在产品名称前面，加上"智能型"三个字），但是产品开发的起始点完全不同，最终呈现出来的市场竞争力也完全不同。

意义思考是从最底层处进行想法翻新，伴随着对于想法本身的"重新定义"，将使事情产生全新面貌。NEST不属于技术能力的全面提升，而是采取不同于以往的"重新定义"规划出的产品。意义思考这件事，如果你能想得越源头，就越有可能产生想法的差异性。而事情的"定义"，几乎就是一切事物的源头。

一流的意义思考者，不是依据专家判断或是市场共识规划想法。因为许多专家提供的建议，也只是让你随波逐流，去模仿成功者已经在做的事情。意义思考认为：如果只是从后方仰望别人背影，无法获致真正的成功。唯有靠自己的独立思考（意义思考），才能将未来掌握于手中。所以，人的深度在哪里？人的深度就是思考基本问题的能力，而思考基本问题的能力，就是一个人进行意义思考的思维习惯。

在意义思考的所有公式中，以"重新定义"的思考范围最为广泛，有时也可能与其他公式之间互有重叠。因此，它的可视化图形有着较多的可能性。"重新定义"其中一种视觉呈现方式为名词解释，如图5-5所示。

图 5-5　"重新定义"思维的代表性图形

> "逻辑就是展现出整体的关联性，并且清楚个别位置。"

逛街时，你是不是觉得大多数的百货公司，各楼层所销售的商品陈设都大同小异。如果百货公司规划人员能为每个楼层重新"下定义"，而非以传统的商品种类进行分类（例如：女装、男装、运动商品、家电等），是不是可以规划出不一样的商品组合与陈设方式？

例如：当我们为百货公司一楼进行"重新定义"，可能的"定义"如下：女人的天堂、流行指标、黄金店面、集客力、最具有吸引力的目的地等，在每种不同的"定义"之下，最终呈现出来的商场样貌也会有所不同。

公式五：采取不同分类的思考方向，一刀切开众多竞争者

"采取不同分类"的思考方向，不同于"更高一阶"思维。"更高一阶"是让自己拥有巨观思维，利用俯视角度（bird's eye view），从上方重新观察事物，以呈现出"点"与"面"之间的差异性。

"采取不同分类"则是与其他想法的高度一致，但是选择从"侧翼"方向切入，利用相同位阶，但是与众不同的分类法，展现出底层想法的差异性。

意义思考者要有看出非主流想法的能力，这不是爱唱反调，而是让自己拥有独立思考能力。"采取不同分类"是在构想中加入一个重要成分，导致原本想法产生本质上的改变，因此，打破了以往所属的分类架构，进入了其他领域。采取这种思维策略，可以将自己与大多数的竞争者划分在不同的战场，借此产生想法的差异性。

练习一下

韩国影视产业经过政府二十余年的扶植与民间共同努力之后，创造了一股接近好莱坞影视等级的韩流。假设，在某次韩国影视产业的参访活动中，你受邀观看了电影的拍摄过程，看到了许多令人大开眼界的规划流程、机器设备，以及人员编组等。

回来后，你想分享这趟旅程中的所见所闻时，会如何表达呢？在你观察到一切细节与差异性之后，你能找出一个独特的"意义"吗？你能以一句话的方式，先讲完所有重点，之后再陆续展开其他细节说明吗？

在你见识到一切流程、现况、设备现象的背后，或许只要一句话，就足以形容整件事情。对韩国影视产业进行意义思考，你可能得到的这句话是："韩国影视产业，其实不是'传播业'而是'科技业'"。

在这个例子中，"传播业"与"科技业"的位阶相同，没有谁高谁低的问题，当把科技性元素注入传播业之后，导致原先产业产生本质上的改变。因此，在产业分类上重新进行归类，让想法离开原本的"传播业"，改分类至"科技业"，以让聆听者发现概念上的明显区隔。

当你跟台下听众解说你的参访报告时，并不是直接说

练习一下

明:韩国影视产业分工得多么细腻、采取如同好莱坞般的制作流程,或是多机拍摄的规模阵仗等。如果只是采取条陈式的说法,罗列出每一个见闻,对于听众而言,也只是许多新奇事物的集体组合。在这么多的细节背后,只要浓缩成"科技业"三个字,就足以涵盖一切,并且直接命中重点。

人们表达想法时,如果其中最重要的"意义"没有被揭露出来,即使讲了再多,也会有"似乎少了什么"或是"意犹未尽"的感觉,直到想到这整件事情代表的意义是"科技业"时,才感觉自己真正传递出了重点。试想一下,如果你的说服目的是希望提供更多的辅助资源,从"科技业"的角度切入说明,是不是更有说服力?

在这个例子中,你所见识到的一切大小事物总和,归纳起来的"意义性"就是"科技业"。读者阅读至此,应该能够清楚感受到:意义思考与高阶主管经常要求属下沟通时要"讲重点",两者其实就是同一件事!

"采取不同分类"的代表性视觉图形与"更高一阶"相似,但是在概念上完全不同。"更高一阶"是以压倒性的姿态完胜他人,而"采取不同分类"则是以离群索居的方式,刻意避开人群"搞自闭"。在视觉呈现上,它将大多数的竞争对手,依照人们印象中的方式进行集体归类,并将自己单独划分于另一个区块,以展现出根本差异,如图5-6所示。

图 5-6 "采取不同分类"思维的代表性图形

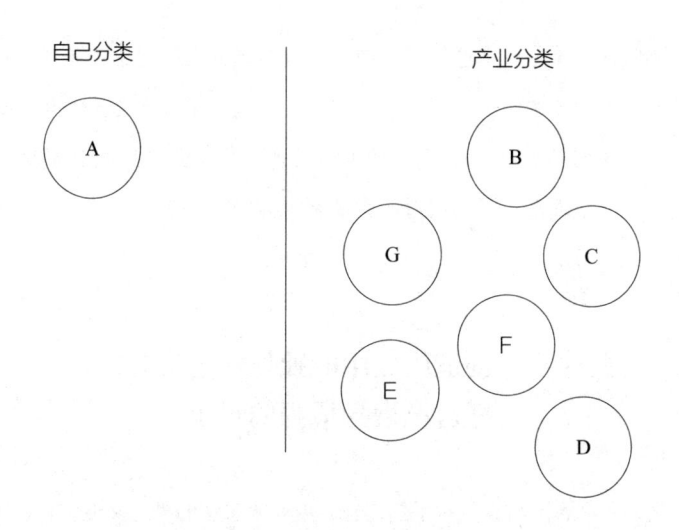

自己分类　　　　　　　产业分类

A　　　　　　　B　G　C　E　F　D

其他"采取不同分类"的意义思考范例如下:

·智能型手表的开发方案:提出本公司所开发的智能型手表,不是"计时"工具,而是"医疗"工具。将手表从原先的"钟表业",重新

121

分类为"医疗业",以展现出自己与其他产品的差异点。

·保险公司的简介:坊间同性质的保险业者众多,如何以一句话,展现出自家公司的独特性?如果只是逐一强调:本公司积极导入AI流程、擅长大数据分析、提供在线客户服务、云端医疗、电子化理赔等多项科技,对于客户而言,最终所得到的印象,充其量也只是一家导入多种科技的保险公司。如果借用上述韩国影视产业的意义思考思维,只要跟客户清楚说明一句话"我们公司并不是保险业,而是科技业",是不是就能更清楚地命中你想说明的全部重点。接着,再把原本想表达的多项科技当成辅助证据,作为加强"科技业"这个"意义"的支撑论述。

规划者如果能善用意义思考中"采取不同分类"的思维公式,将自己划分在另一个领域,就能以一刀划开的方式,呈现出与其他竞争对手的区别。掌握这个思考公式,除了告诉他人你不是一般的传统业者之外,也可能正确揭示了公司近年来的努力方向。

公式六:创造历史中的独特性思考方向,把自己视为最强的对手

规划者可通过与竞争对手的比较,展现出想法的"意义性"。也可以将焦点回归到想法本身,思考这件事情在整个发展历程中的特殊之处。

到目前为止,上述几种意义思考公式中,"更高一阶""关键时刻",以及"采取不同分类",都带着与竞争对手之间较劲的成分,通过展现出比他人更全面性的思维,或是采取不同于多数的切入点,来说

明自己的优异性。

而"衔接至下一阶段"、强调"历史中的独特性",以及后续说明的"最后一块拼图""重中之重"等意义思考公式,都不是与他人进行比较,只是纯粹地从自己的发展历程或是提案事件本身,发掘出产品与服务的"意义性"。

强调"历史中的独特性"的思维公式,适用于业界的领导者。当公司产品位居领先地位,甚至在市场上拥有压倒性的优势时,如果过度强调与竞争对手的差异性,反而是替对手做另类营销。在这种情形下,最大的竞争对手往往不是他人,而是自己上一代的产品。"历史中的独特性"是重新检视过往的发展历程,将目前想法与历代演变的事物进行比较,以呈现出不同于以往意义性的思维方法。

"历史中的独特性"的代表性视觉图形为产品线路图(Road-map),通过回顾历代产品及服务的发展过程,展现出新构思与之前所有想法的差异性,如图5-7所示。

图 5-7 "历史中的独特性"思维的代表性图形

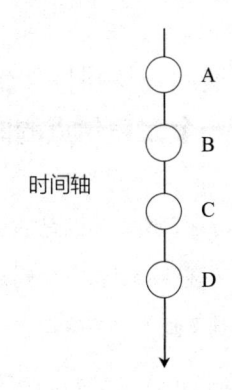

例如：iPhone4上市时，乔布斯就是利用"历史中的独特性"思维，为新产品赋予独特的"意义性"。每一代iPhone新上市时，都有几百项的功能同时更新，为了让沟通更有焦点性，不可能逐一说明每项细节。因此，当第四代iPhone上市时，乔布斯为它所赋予的"意义"是："在历代iPhone中，iphone4的设计跃进是最大的。"在这个意义思考中，乔布斯并没有拿iPhone4与其他品牌的智能型手机进行比较厮杀，只是与前面历代的iPhone进行比较，由此产生了整个简报的叙述逻辑。

其他采取"历史中的独特性"的意义思考范例，像是公司举办员工旅游：例行性的年度员工旅游活动，可以是一个单纯的人事时地物组合，但是身为一位独立思考者，仍会利用意义思考技巧将活动的"计划案"，升级为活动的"企划案"。

比如思考以往员工旅游的对象，主要是以公司员工为主，眷属无法参加。利用"历史中的独特性"思维，将此次活动的概念定位为：从"同事"到"家人"。首度扩大旅游实施对象至员工的亲朋好友，以增加同事之间情感连接的深度。

公式七：以"最后一块拼图"的方向思考，画下一个完美句点的时刻

相较于"历史中的独特性"所叙述的是想法"有史以来"的不同之处，而"最后一块拼图"所强调的"意义"则是：一个事件经过了长期努力之后总算大功告成，到了画下"完美句点"的时刻。

所有事物的沟通重点不是直接说明事情的来龙去脉，而是要去寻找、去发现某个独特的"意义性"。"最后一块拼图"这个意义思考思维并不困难，但是多数规划者却缺乏历史观，将重点错置于此次事件的细节规划并深陷其中。他们看不见事件背后更重要的"意义性"在于：已经到了里程碑时刻。

例如：在某次我所引导的意义思考工作坊中，一家非营利性组织的学员，以偏远地区幼儿的资助计划作为演练题目，主要沟通对象为单位内部的高阶主管，希望能说服他们同意此次资助方案，以取得后续行动资源。在原先的思考过程中，规划者将沟通重点置于活动经费、服务对象、预期效益，以及执行步骤等细节上。

然而意义思考认为：有效的沟通必须离开表象细节，回归想法本质进行重新思考。因此，重点并不在于细节规划（此处并非说明细节规划不重要，而是它们属于沟通的二级重点，而非"意义"所属的一级重点），而是指出方案本身代表的"意义性"为何？课程历经几次的意义思考实作过程。最后，该组学员为资助活动发展出"让爱完整"的"意义性"。至此，整个企划案才终于有了灵魂。

这个新发现的意义思考重点不落于活动规划层面，而是掌握全局的脉络性。规划者终于离开"深陷细节"的问题，看到这个企划案所服务的对象是所属机构经过了三十多年来的努力，所有服务群体中的"最后一块拼图"，当这个活动完成时，代表自家机构的阶段性任务圆满达成，可以朝向下一个目标继续前进。

在这个案例中，提案者从原本单次性的活动规划，到最后看出事件具有独特的"意义性"。因为前后两者展现的"意义性"不同，显现出来的说服力与重点也完全不同。如果以"单次活动"作为规划方向，内容重点在于执行细节。如果看出这个活动的"意义性",在于完成组织阶段性任务的"最后一块拼图",或许重点应该放在举办一场大规模的记者会,对外说明所属机构达成的特殊成就。善用意义思考能力,不但能有效增加想法的过案率,更能精准地表达想法的真实性。搜集资料只能丰富内容,唯有思考"意义",才能呈现出想法价值性。同样一件事情,善于意义思考的规划者能够把麻雀变凤凰,不善于意义思考的规划者,却可能把凤凰变成了麻雀,两者之间有着十万八千里的差距。

"最后一块拼图"的代表性视觉图形即为拼图,以一个欲达成的目标概念作为整体图像,将以往曾经努力过的作为,以单片拼图的方式逐一呈现,最后再出现代表此次活动的"最后一块拼图"图形,以象征重要里程碑的圆满达成。"最后一块拼图"的代表性图形如图5-8所示。

图 5-8 "最后一块拼图"思维的代表性图形

公式八：以"重中之重"的方向思考，
　　　　先解决少数重要的问题

"重中之重"的思维适用于问题分析与解决的沟通类型。这种意义思考的方式认为：导致问题发生的众多原因所占的权重并不相等，通常可以区分出"重要的少数"与"不重要的多数"。因为组织资源有限，所以问题必须依据重要性进行排序，再针对少数的重点处进行对策。"重中之重"表达出解决事情的效益性，获得沟通对象的同意。

对主管提报问题解决类型的简报时，通常目标对象不太在意执行细节。对于许多高阶主管而言，只要知道对策的有效性，以及最严重的问题已经妥善解决即可。因此，"重中之重"的叙述逻辑在于解释提案者已经采取掌握重点的方式解决问题。

> **练习一下**

许多追求创意导向的外商公司，都会在办公室设置点心Bar（吧台），让员工在工作忙碌之余能够补充热量。设想你是总务人员，想要参照外商的做法，在公司内部设立这个场所，在你的提案构想中，你觉得点心Bar对公司而言，其所代表的"意义性"是什么？你要将它设置在哪个地方，才能发挥最大效益？请针对点心Bar是什么地方，进行意义思考。

公司为什么要设立点心Bar？这是目标对象会询问你的必考题。意义思考的主要功能，就是回答这个根本问题。点心Bar是什么地方？它可以是一种提供员工福利的场所、休息充电再出发的空间，也可是一个促进交流与触发创意的场所。

上述答案中，以后者最能展现出意义思考的深度性。如果你的提案角度是从"员工福利"切入，思考方向并没有错，但是也不够好，这是百分之九十的规划者会提出的答案。这个想法会将重点放在检视自家公司与竞争对手之间的福利措施比较、每月公司需要额外支出的费用，或是将陈述重点放在员工需求调查，说明哪些零食种类比较符合员工的喜好与期待。最后，点心Bar的设置地点可能位于茶水间或是办公室的闲置处。

如果你认为点心Bar代表的"意义"是促进交流与触发创意的

场所，你所展现的观点是：点心Bar是跨部门交流的最佳管道。因为，比起会议室里的正式沟通，那里营造出来的轻松气氛，更适合不同部门彼此间的交流对话、脑力激荡、产生创意等。在职场中，非正式的沟通管道，不是比起正式的沟通管道更加重要吗？

拥有意义思考能力，就能改变你所要说服对象的决策指针，而且同时加强说服力道。在"促进交流与触发创意的场所"观点下，决策者的考虑点，从原先的额外费用支出，改成了"促进非正式沟通"与"激发创意火花"，而点心Bar的设置地点，也从茶水间（或某个失落空间）变成了办公室的中心点，让所有员工皆能以最近距离使用这个设施。

如果规划者能清楚表明这个提案的"意义性"，决策指标就会从原本的"有形成本"（每个月要花多少钱），转变成"无形价值"（促进沟通与增加创意的效益无价）。

点心Bar设置在办公室的正中央？没错，这正是许多国际级公司对于这个场所的意义思考。如果依循"促进交流与触发创意的场所"的想法继续向下延伸，提供的零食种类、装潢设计风格，以及家具摆设方式也会有所不同。即使只是一个点心Bar的规划案，如果规划者进行意义思考，也能展现出思维深度与贡献度。

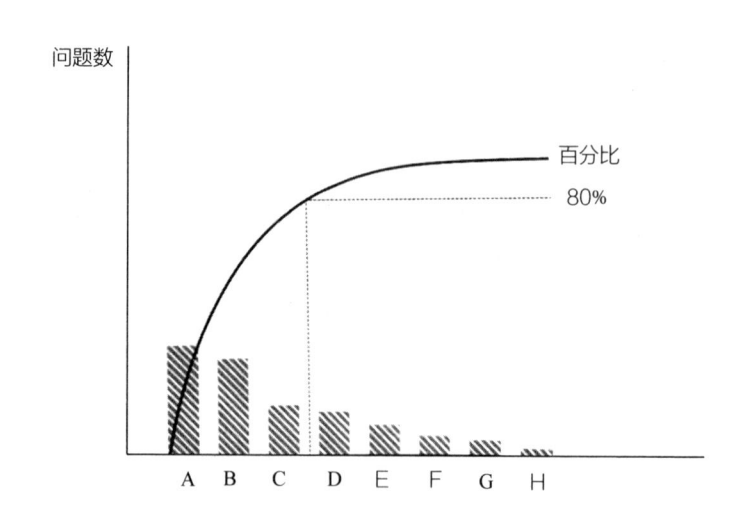

图 5-9 "重中之重"思维的代表性图形：柏拉图

"重中之重"的代表性视觉图形种类较多，常见的内容是以四格象限方式，划分出重要且紧急的区块，或是使用柏拉图（也叫排列图），呈现问题表列与二八法则的关系，如图5-9所示。如果问题之间并不符合二八法则，则采取大小饼图之方式呈现，如图5-10所示。将占比最大的部分（A）进行细部拆解，接着再说明这个大问题（A）的主要发生原因（A1）。

图 5-10 "重中之重"思维的代表性图形：大小饼图

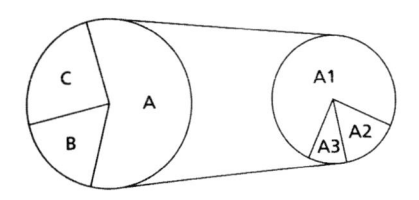

公式九：以"多方交集"的方向思考，只要对大家都好的事情，就应该去做

一件事情如果同时能让多方获得好处，那就应该马上付诸行动。"多方交集"是建立在共好多赢的沟通基础上，先思考过所有影响者的利害关系，再找出一个能兼顾大家利益的解决方案。这种思维模式突破你死我活的取舍思维（Trade-Off），强调彼此间的共存共荣。

要产生一个"意义"很容易，要产生一个能同时符合多方需求的"意义"就有些难度。许多沟通的失败原因，来自提案者只从自己的角度看事情，没有把别人的需求看在眼里。如果表达者能够跳出自我立场，看到想法与多方之间的交集关系，就能让想法变得更有穿透力。

例如：人资部门对高阶主管进行员工调薪提案。一般规划者习惯直接说明提案背景、调薪幅度、调薪对象、产生预期效益、需要支出费用等执行细节，而意义思考者会为这个加薪提案先赋予一个独特的"意义性"。

如果提案者将重点置于调薪幅度对于公司的营运影响，高阶主管自然容易以数字改变作为决策的主要考虑点。如果提案者能够进行"本质性思考"，利用意义思考的"多方交集"思维，为调薪这件事赋予一个正确的"意义性"，则可能改变决策者的评估角度，进而大幅增加通过率。

试着离开事情表面进行意义思考，让员工调薪方案不再只是员工调薪方案，而是一个能够同时兼顾公司、员工、法规等三方好处的"多方交集"提案。再依此叙述逻辑，说明员工目前工作超时情形严重，已违反相关法律规定，且此情形如不加以改善，也将导致同事心生不满而增

加离职率，最后导致公司无法留住优秀人才。

在这个调薪方案中，提案者应该清楚表达：调薪是同时符合公司、员工、法规等三种利益关系之下的共同解答。如果规划者能指出调薪这件事所代表的"意义性"，就能改变目标对象看待事情的观点与高度，从原本只从调薪幅度对于财报数字的影响，进而转变为顾及公司竞争力、提升员工士气、符合法律法规等全局思考。

"多方交集"的代表性视觉图形是文氏图，如图5-11所示。以每个圆圈代表一种利害关系人，图形重点为中间多方交集之处。虽然在理论上，所交集的对象数量越多（圆圈数），代表所符合的条件越严苛，同时所顾及的层面也越广泛。但是在实务层面上，如果采取双赢（两个圆圈）的方式呈现，因为符合门槛较低，所以说服力较为不足。如果强调四赢，则会因为加入太多相关元素，而增加提案对象的认知负荷。所以实务上，采取三圆重叠的文氏图，会是"多方交集"思维中，最常使用的可视化图形。

图 5-11 "多方交集"思维的代表性图形：文氏图

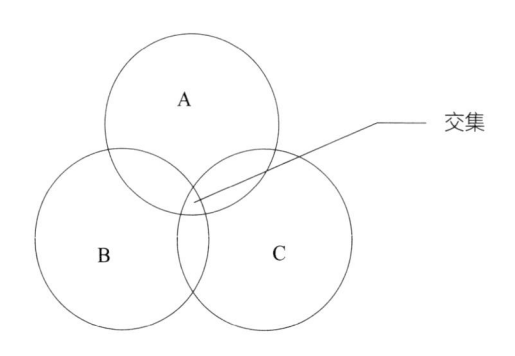

上述九种公式是意义思考最常运用的基本公式，同时也是最具有说服力的叙述逻辑。这些思考切入点可以作为初学者的敲门砖，成为一窥意义思考世界的垫脚石。如果因为时间资源有限，拿来当成紧急应变之用，在说服力上也能获得不错的分数，甚至可以轻易完胜大多数采取"拼凑罗列"及"标题展开"的竞争对手。

不要短视近利，忽视基本功

虽然有九种意义思考最常运用的基本公式可供参考，但如果你有志成为一名顶尖的意义思考者，就不能只偏废于那些公式，而忘了最重要的基本动作。废人是怎么练成的？废人就是长期依靠公式与懒人包，却忘了独立思考与恒心耐力所练成的。废人只记得抄快捷方式，却忘了蹲马步的重要性。

意义思考是你对于世间万物的诠释权，别把它轻易拱手让人。从长期观点来看，第四章的内容依然是最有效的做法，任何事情最快速的成就法，就是脚踏实地地修行。因此，在本章内容学习完短效做法之后，规划者终究必须回归耐力思考的根本观念：拥有极大耐性者就是最成功的意义思考者。

日常生活中的刻意练习

意义思考与我们的距离并不遥远，它是一种极其生活化的能力。任何沟通想要一针见血、迅速看出事情的眉目，都是意义思考的能力展现。

在我们身边那些能快速捕捉到事情精髓，或是讲话每每命中要害的人，一定都是优秀的意义思考者。如果你想提升自己的意义思考能力，不需要等到下一次的规划任务开始。在每天的生活之中，通过以下几种方法，就能茁壮你的意义思考能力。

练习定义周边事物

好的意义思考者必定是好的"定义者"（重新定义）。现在，找出一个距离你身边最近的事物，不论手机、钱包、鼠标、戒指等，请试着为它们下定义。一直想下去，一直想下去，一直到看出自己专属的观点为止。

世间任何事物都是带着某个特殊意义，才会出现在你的身边，如同戒指，并不只是一个手部装饰品，而是婚姻的象征，或是代表你对于另外一半的承诺。请试着跳脱名称与表象，去体会每件事情的表象之外，都存在一个更美好的"意义性"等待着你去发现。

意义思考的力量

练习一下

比起周遭事物，与你之间距离最近的就是五官。请试着对于"眼睛是什么"下定义。别像多数人一样，总是对于熟悉事物轻易地下结论。"近事要远看"，请试着经历：酝酿、撞墙、发现、融合等四个阶段，完整走过整个意义思考流程。

其他意义思考的参考解答范例如下：

1. 眼睛是全世界最好的相机。
2. 眼睛是最私密的内心世界。
3. 眼睛是人体最强的感知器官。

关于眼睛，你对它的意义思考是什么？如果你的答案是：眼睛是灵魂之窗，这个答案可以（至少比起"看东西"这个表象答案，好上一百万倍），只是因为太普遍，所以分数也不算太高。记住，意义思考者所追求的并不是答案，而是非答案，我们必须努力达到"前人所不及"的思想高度。

从上述答案中，我们可以看到关于眼睛的意义思考：眼睛不仅是观察世界的工具（表象层）。在意义上更代表通往内心世界的窗口（意义层），"灵魂之窗"这种说法，或许是历史上某个意义思考大师，所赋予人类文化中的最佳答案，所以超越了时空限制，流传至今成了一种普遍性的说法。

除了这些答案之外，你还可以拥有上百种的诠释说法。假设把你的答案复制贴上到搜索引擎，你能确保搜寻结果显示"找不到任何搜寻结果"的画面吗？如果你能够做到这一点，在这个世界上，对于任何事物，你就拥有独一无二的"诠释权"。

观察大众媒体

意义思考的能力养成，少部分来自规划活动，大部分来自在生活中观察省思。同样一个新闻事件，随着记者的深度观察，所呈现出来的"意义性"也大不相同。记者新闻涵养的高低，就在于看出事件"意义性"的程度。

例如：2010年智利发生了科皮亚波（Copiapo）矿灾事件，三十三名矿工受困于地表下七百米处。在这个新闻事件中，有些记者采取了写实报道（表象层）方式，重点置于描述整个灾难的发生过程，以及后续的救援进度，也有些记者能够进入"意义层面"思考，指出这个事件所代表的特殊"意义性"：这是人类有史以来，困难度最高的救援任务。

现在，只要利用搜索引擎，我们可以轻易获得一个事物的多元观点。在前者的说法中，只是又一次的意外灾难事件发生；而后者，记者能跳脱出目前事件观点，告诉世人这次灾难所代表的独特"意义性"，以及为什么这件事值得大家关注。也就是说，相对于其他意外灾难的特殊性，这名记者能站在历史高度看待这个新闻事件。

下次浏览新闻媒体时，别只顾看肇事车辆的行车记录仪，或是看路人被车撞，腾空翻起一圈之后，居然还能原地站立的视频。建议你，除了观看这些"高手在民间"的特技演出之外，不妨也从意义思考的角度出发，看看这些记者能否展现出每个新闻事件背后的深度与"意义性"。

观看球赛

你喜欢看球赛吗？你有欣赏的评论员吗？是不是觉得有些体育主播在播报赛事时，说出的观点更具有洞察性，甚至具有"预测短暂未来"

的能力？评论员的深度来自他的意义思考能力。例如：在一场棒球赛中，资深评论员看到的每次投球或挥棒，都不仅是运动场上的肢体动作，而是带着某种特殊的"意义性"。

因此，打者上二垒不再只是上二垒（表象层），而是代表进占打点圈（意义层），强力打者站上打击区也不只是强棒出击（表象层），而是意谓追平分的出现；赛况可能随时翻转（意义层）。能够进行意义思考的评论员眼睛所见的，不仅是投打之间的一来一往（表象层），而是两人之间历次交手的新仇旧恨（意义层）。

重点结论

本章内容与第四章之间进行互补运用。第四章内容强调意义思考者的基本功,说明提案者为了达到前人所未曾触及的思考境界,最好以无限耐性产生最多想法数量,再以"量变造成质变"的做法,才能产出一个Big Idea(好主意)。本章内容说明意义思考的善巧方便:公式与快捷方式。让规划者面临时间条件及外界压力时,仍能在有限的时间资源内,产生一个高质量想法。能够熟悉"短策"与"长策"双重做法的规划者,才算拥有完整的意义思考能力。

提案者进行意义思考时,如何从茫茫大海中,找出一个还不错的答案?虽然这种思考模式不存在标准答案,但是仍有基本的思维方向可循。当面临思考时间不够的情形时,规划者仍然要坚持避开"拼凑罗列"及"标题展开"的错误做法,从本书中所建议的九种意义思考面向完成内容建构与逻辑叙述。这些思考方向不见得能产生惊天动地的效果,但是至少能保证让人听懂,而且一定胜过大多数采取"东拼西凑"建构方式的竞争对手们。

在意义思考的观念中,每一次的沟通都一定存在着某种叙述逻辑。它并不是隐藏在内容的某个角落等待听众去发现,而是要放在最明显的位置，去承担起整个沟通过程中的重责大任；也就是说，全体想法要以"意义"为依归，以此进行一切细节的收敛与展开。

这个大重点清楚了，一切细节也都清楚了，所有内容也都将自动到位。如果这个大重点没有被点破，再多的信息累积与口语表达也都将枉然无效。

本章内容从实务演练与案例搜集之中，归纳出九种意义思考最可能出现的方向。内容包括：更高一阶、衔接至下一个阶段、关键时刻、重新定义、采取不同分类、历史中的独特性、最后一块拼图、重中之重，以及多方交集。

几种思考方向之间，或许有可能出现部分概念重叠之情形，但是站在提供读者最大思考可能性的角度。这种状况并不会影响意义思考的学习与最终结果呈现。

这些意义思考的基本公式，不仅提供了提案者的思考指南，同时每个公式也都内建了说服力沟通中最重要的目标："行动呼吁"。这些思考方向清楚地说明如果采取这个行动可以获致什么好处，以及如果不采取这个行动，可能会招致的后果。毕竟，能够让行动发生，才是规划者进行意义思考的终极目的。

最后提醒读者：凡事轻松愉快久了，就容易变成废人。如果因为碍于时间因素或是为求快速入手，从公式切入能够立即有效，而且具有一定程度的质量保证。

但是，公式终究无法取代耐力思考，想法中最璀璨的那颗星星，只会出现在大脑的小宇宙中。

第6章
意义思考的判断原则

● 关于意义思考的解答,不是在"正确"或"错误"之间做出选择,而是在"好"与"不好"之间做出判断。

卓越的意义思考需具备的条件

这个世上除了考试之外,大多数的事情都没有标准答案。人生很多事情的难度,就在于回答开放性问题,也就是如何从一个没有正确答案的问题中,做出一个还不错的决定。意义思考的判断原则也是如此。虽然一件事情的"意义性"会随着时间、趋势,以及个人见解深浅而有所不同。但是,我们仍然可以找出一些基本指标判断意义思考的质量水平。

首先要知道讨论意义思考的想法质量,并不是讨论"对"或"错"的问题,而是"好"与"不好"之间的判断。一个能够打动人心的"意义",必须同时兼顾理性与感性层面,也就是最好能符合新鲜、合理这两项指标。在这个标准之下,说明意义思考所应具备的条件如下:

条件一:意义思考要超越已知

意义思考是通过想法的极限探索,去揭露一件事情的深层内涵。因此，规划者不能让它流于表面，轻易地给出一个众人皆知的答案。一个好的"意义"必须带着启发性，达到连自己之前都不知道的程度。所以，超越现状及已知，是意义思考的最重要条件。

环顾四周，我们经常看到许多企业的公司简介，宣称自己是：××的好伙伴、提供××的全方位解决方案、提供××一站式购物服务、××全方位平台等，上述这些常见说法，会让公司的简介沦为一种口号。一些规划者能从这些概念发散出所有细节，至少在内容逻辑上还算是脉络清晰。但是大多数公司的做法，只是让这些口号成为"拼凑罗列"中的一小部分，而不是提升到组织想法的主轴位阶。

上述这些说法，因为曾经大量出现在市面上，所以变成了一种习以为常的声音。它们的复刻程度太高，所以肯定会落在大众的认知范围内，这些说法没有带着一种发现，去超越现状以及目标对象的认知范围。

无法超越已知的意义思考，最后容易沦为宣传标语，让人视而不见、听而不觉。在职场中，有些人只想保住饭碗，有些人只期望安全下庄，他们习惯采取保守式做法，利用观察同业与异业的方式来产生"意义性"，而非相信自己的独立思考与观点判断。似曾相识一直是说服力的最大敌人，太过于膝盖反射的直线思考，会因为可预期性太高，而直接被他人所无视。

意义思考不是随便喊喊口号，或是改写经典文案中的几个文字，不要只是微调，要完全不一样。如果你告诉别人的都是他们已经知道的事情，那就等于没有告诉他们任何事情。

意义思考的力量

练习一下

如果你是一名时尚设计师，依赖掌握流行趋势与时尚脉动而生存。请思考"流行"是什么？请针对"流行"两个字进行意义思考，并试着找出能让自己掌握流行时尚的实务做法。

身为一位设计师，你要如何掌握流行时尚？或许，许多人的答案是出席巴黎时尚周活动、多参考时尚杂志，或是追随国际级大师的步伐。这些答案都还不错，通过做功课或是参考资料的方式，可以扩增自己脑内经验不及之处。但是，除此之外，还有没有其他想法的可能性？

ZARA服饰创办人，西班牙服装业巨擘奥尔特加（Amancio Ortega）在思考"流行"代表的"意义"时，他发现并没有所谓的"流行"，因为"流行"根本无法预测。奥尔特加认为："流行"一词所代表的"意义"，其实也就是：少量、多样，以及快速流通。在这个意义思考之下，他开展了全球快时尚事业版图。

规划任何事情之前，下手处一定要对，真正的败坏一定来自从根烂起，而真正的成功也起因于源头正确。重要的事情先别急着下手。对于意义思考者而言，其实"三天晒网、两天捕鱼"的态度也很不错，给自己多一点的时间做好事前规划，才能在往后的日子里满载而归。

第6章 意义思考的判断原则

本书第四章曾提及耐力思考与想法数量，对于想法质量的重要性。任何构思都是从已知朝向未知的方向发展，意义思考也是如此。人类大脑的思考活动会历经一个翻转过程，当想法突破了撞墙期之后，就能看见截然不同的全新观点。

因此，意义思考者在想法初期必须具备的一个坚强信念是：事情绝非一开始看起来的那样，任何想法只要通过脑内不断向下挖掘的过程，最终一定能看见完全不同的真相。

一个好的"意义"要达到连自己都忍不住想要称赞自己的地步。别像有的整容明星在外形及长相难以区别，身为人的可贵之处，就在于能够与众不同，并建立自己看世界的特殊视角。如同一位能够长期立足于歌坛的明星，声线要有足够的辨识度。优秀的意义思考者即使在想法上无法做到独一无二，也有本事在熟悉的事物中，创造出陌生感。

至今，你所说明的一切事物中，曾经有过什么重要的"意义"发现吗？如果你懂得利用意义思考，创造出想法最底层的差异性，你就有机会在任何领域创造出专属于自己的星光大道。

避免常用关键词

为想法发展"意义"时，不要将重心置于文字包装上，搞宣传不如深入想法底层，试着用平淡说法传达出深层意念。如同多年前，诺基亚的广告标语："科技以人为本"，在每个平淡无奇的单字背后，隐藏着对于人性与科技的深刻观察。意义思考需要的不是"说法"，而是"想法"。

意义思考者应该避免随处适用、举目可见的字眼。赋予事情的"意义"时，最好避开以下"地雷"关键词，例如：地表最强、史上第一、全方位、多功能、解决方案、资源整合、好伙伴、一条龙等。意义思考是整个想法中的C位，别让你的核心变成了不堪一击的玻璃心。

条件二：意义思考要合乎逻辑

创意只是少见、新鲜有趣，逻辑则要经得起时间及现实考验。如果只是一味地强调与众不同，想法就容易变得无厘头。意义思考为什么有难度？因为它大于创意思考与逻辑思维，意义思考是两者之间的交集：一个好的"意义"，既要有趣又要合理。

要合乎逻辑且出人意料

具有说服力的"意义"，必须达到既合乎逻辑，同时又出人意料的程度。当我们解释高铁的"意义"在于创造了台湾的一日生活圈时，这个说法具有独特性，因为之前未曾听闻，所以符合"出人意料"条件。同样，这个说法也指出高铁出现之前，南北两地往返经常要花费两天以上时间的真实状况。因此，它也达到"合乎逻辑"的条件。

例如：思考咖啡馆的"意义"是什么？咖啡馆是什么地方？如果你的答案是"喝咖啡的地方"。我们几乎可以肯定这个答案来自你的耳朵听到问题之后，声波往下传导至膝关节处，短暂停留半秒钟之后，接着回路返回至嘴巴，最后再以声波形式，从嘴巴吐出这个答案。简单来说，就是这个答案完全没有经过大脑思考。这个回答既不符合"合乎逻辑"资格，也绝对不符合"出人意料"要件。

社会学家奥登伯格（Ray Oldenburg）在《绝好的地方》（*The*

Great Good Place）一书中解释：咖啡馆是人类生活中的"第三个场所"；即在"住家"与"办公室"之外的"非正式聚会场所"。在"第三个场所"概念出现之前，人们从来未曾听过此种说法，所以概念新颖独特、具有洞察性，因此，这个说法符合"出人意料"要件。

"咖啡馆是喝咖啡的地方"这个答案连最基本的"合乎逻辑"条件都无法符合，为什么？因为人们常说："喝咖啡，聊是非。"咖啡馆的基本功能是喝咖啡没错，但并不是去解决人类口渴，或是补充咖啡因的生理需求，而是去解决人与人之间，情感与社交的空间需求。

在许多场合中，当"住家"与"办公室"无法成为"聚会场所"时，即由咖啡馆来填补这个需求空缺。奥登伯格"第三个场所"的说法显然比起饮料店（"咖啡馆是喝咖啡的地方"，表象层）更合乎正确性。因此，这个说法符合"合乎逻辑"要件。

条件三：意义思考要大于内容组合

意义思考强调一个完整的"意义概念"所延伸出来的内容，必须同时兼顾整体、垂直、水平等三种逻辑性关系，而"内容组合"即使在最完美的情形下，也只有整体及垂直两种关系；想法之间缺乏横向联系。"内容组合"在概念上属于第二阶：依"标题展开"的想法。如果以方程式的方式说明，"内容组合"的公式为：D（标题）＝A（第一项说）＋B（第二项说）＋C（第三项说）。

在"内容组合"的逻辑关系中D＝A＋B＋C，如果以白话方式说明，即一件事物由以下几个小事件（A、B、C）共同组成。在这个公式中，想法之间只存在着D与A、D与B，以及D与C之间的垂直关系，以及D与A、B、C之间的整体关系，但是缺少了A、B、C三个元素，彼此间的水平关系。

拥有三种关系者，才算得上是神逻辑！

意义思考的公式是：M（意义思考）＝m（A＋B＋C），其中M代表意义思考，在A、B、C每个元素之中，都带着m的共同成分。也就是说，所有内容之间，都有一个相同的"意义"，紧密维系着水平方向的想法。因此，在上述公式中，同时具有整体、垂直，以及水平等三种逻辑性关系。

例如：数字法是一种沟通中常见的结构种类，"成功领导者的八个关键因素"就属于内容组合，而非意义思考。虽然在这个标题之下，观众对于内容可以产生一定的预期性，但是它并不符合意义思考的要件。因为在这种说法之下，只提及每个关键因素与成功领导的关系（整体及垂直逻辑），而没有厘清各个关键因素之间的彼此关系（水平逻辑）。

为什么"成功领导的八个关键因素"之类的标题，并不符合意义思考的主要精神？因为它没有解释八个元素之间的横向关系。例如：在这些内容之中谁先谁后孰轻孰重？或是，这八个关键因素中，是不是有一个"共同要素"贯穿其中？

意义思考认为：一个称职的沟通者，不只要找出一个能够涵盖所有内容的概念，而是要去寻找"超越一切内容之外的存在"，这样才能让所有想法之间进行"抱紧处理"。在这个例子中，或许八个元素之间共同隐藏着"仆人式领导"这个"意义性"。那么，沟通时，最重要的事情就是先解释"仆人式领导"的概念，接着再逐一进行后续内容说明。

"成功领导者的八个关键因素"属于"内容组合","仆人式领导"属于意义思考。比较上述两种沟通法。先从"仆人式领导"的"意义"切入,再接着说明这个概念之下的八个关键因素,以及"成功领导者的八个关键因素"(内容组合),直接从第一点开始进行逐点说明。两者的叙述逻辑,在想法的组织性、重点性与回忆度上大不相同。

当沟通者以"内容组合"进行说明时,因为各点元素是互相独立的,所以台下观众必须记住八个单独的关键因素,这个难度较高。而当沟通者以意义思考进行说明时,因为各点之间有一个共同核心"仆人式领导"串联,因此,只要让观众记住这个大概念,就完成了大部分的沟通任务,即使要他们回忆八个关键因素,也会因为彼此间具有关联性,而能大幅增加内容的唤起度。

其他"内容组合"的例子:从加减乘除的思维谈时间管理、揭开太阳能产业的七大秘密、从3C(Company、Competitor、Customer)架构探讨电子商务的经营策略等。诸如此类的标题,都属于"内容组合"的沟通模式,它们并不符合意义思考所需具备的整体、垂直、水平等三种逻辑性关系。

意义思考的决策者影响力

意义思考在想法的质量标准上，要能同时符合：大于已知、合乎逻辑、超越内容组合三项要件。但是，即使我们产生了许多优质想法，最后可能还是需要他人同意。所以，接下来让我们依据决策者的类型（个人决策、团体决策、领导者决策）进行说明。

第一种：个人决策

当意义思考者与决策者属于同一人时，将是产生最佳"意义"的最佳做法。此时，由具备高瞻远瞩能力的领导人自己进行意义思考，决定公司定位或是新产品开发方向等本质性的问题之后，再要求下属落实后续想法。其中，集意义思考者与决策者于一身的领导者，最著名的人物是乔布斯。许多苹果公司新产品的"意义"探索，皆是由他亲自完成。

第6章 意义思考的判断原则

最好都让专业的人来

同样一件事情，每人所见"意义性"的高低深浅并不相同。如果让思考者与决策者进行分工，就会加入沟通成本的变量，增加"让一个好的想法，错失在不当表达"的风险中。许多对于事物的深刻洞察，来自领导者对于未来的想象与省思，而这种观点可能不存在于其他同事的想象之中。身为领导者的任务，就是要用愿景带领大家度过这个模糊阶段。

企业领导者很多事情不需要事必躬亲。但是意义思考决定了公司未来最重要的走向与愿景。所以，带着前瞻视野的意义思考能力，会是所有领导阶层必修的一门功课。

只是在实务上，有限的时间资源将是领导者的瓶颈所在。因为意义思考不能采取"限时限量"的做法，能以较长的时间产生较多的想法，才是确保高质量意义思考的最佳做法。在意义思考的观念里，一件事情，我们想得越彻底，一个最佳的答案就会自然浮现。意义思考所需要的时间与数量条件，也代表一个人对于想法质量的自我要求程度，而这些，都需要大量时间才能完成。

个人决策法除了适用于追求自我卓越型的领导者，在个人工作者身上也同样适用。当个人有意愿或是必须承担起意义思考的重责大任时，规划者除了以理性进行判断之外，也可采用下列两种方式评估意义思考的可行性。

第一，由身体来判断

前述内容说明意义思考要同时符合三项过程要件：大于已知、合乎逻辑，以及超越内容组合，这是就"理性层面"来判断意义思考的优劣。而在"感性层面"上，许多沟通者是依据直觉来进行判断。不论从理性层面还是感性层面探讨意义思考的想法质量，两者之间并不冲突，它们都是好想法所展现的一体两面。

在"感性层面"上，那个能让你睡不着觉、雀跃不已的答案就是最好的答案。因为意义思考者相信：人可能会骗你，但是身体往往是最诚实的，那个会直击内心、产生冲击感的答案，就是意义思考的最佳解答。（当然，如果采取"理性层面"分析，这个想法同样符合"好意义"的三个要件）

你有过被自己惊吓的经验吗？这里所描述的，不是那种半夜起身上厕所时，经过镜子前面，看到素颜、最真实自己时的那种惊吓，而是当一个绝世想法横空出现时，好到连自己都不敢相信的那种惊吓。这个心开意解的瞬间，也是意义思考者最能体会到成就感的时刻。

读者可以把意义思考的历程，想象成是一趟探索无人之境的发现之旅，而旅途的目的，就是去寻找他人与自己从未见过的那个景象。当你真的发现一些新事情时，一股强大的电流将让大脑里的"灯泡"亮起，接着心头为之一震，体验到电流通过全身的感受。

意义思考需要达到一定的高度与辨识度。想要成为一名更好的意义思考者，你要愿意想到连自己都不敢相信的地步，你要想到让身体产生鸡皮疙瘩为止。所以，什么是意义思考的最好答案？那个让人刻骨铭心的答案就是最好的答案。

第二，由时间来判断

身体判断法来自顿悟体验，能够产生的通体舒畅感的想法毕竟只是凤毛麟角。对于大多数心有所惑、无法肯定的想法，以较长的时间判断想法的可行性，会是一个较佳做法。因为时间能让隐藏于事物背后的真实价值显露出来。

本书在多个章节中，都提及时间因素对意义思考者的重要性。不论及早开始或是延后结束，都强调要以足够的"心力覆盖率"去完成这项脑力任务。时间是一切事物的终极资源，只要拥有了无限时间，理论上我们可以完成任何事情。时间在意义思考的构思阶段与评估阶段，都扮演着举足轻重的角色。

相较于产生绝佳想法时的笃定感，更多的意义思考答案其实是伴随着怀疑与忐忑不安。遇到这种情况时，如何才能筛选出一个好的"意义"呢？答案就是给自己的想法更长的观察期。因为，所有好想法都有一个共同特质：就是经得起时间考验。

建议读者面临无法确认"意义"可行性的状况时，先别急着做决策，每隔一段期间，就重新审视这些想法。时间可以让你的脑袋清醒，而且能够从更多不同的面向检视想法的可行性，如果经得起时间的一再考验，这个想法通常都具有一定的质量水平。在不断重新审视的过程中，或许一个Big Idea也会从中出现。

第二种：团体决策

不论产生想法或是进行决策，采取团体多数表决的方式，通常是最不建议的做法。意义思考属于个人创作，是一种想尽办法找出个人内心无法言喻感受的能力。当我们思考咖啡馆所代表的"意义"是什么时，较难利用团体讨论，或是脑力激荡的做法，得出"第三个场所"这个答案。

在想法产出方面，意义思考比较可能的做法是：一个人通过长时间的思维探索之后，发现洞见。也因为意义思考产生的洞见通常落在多数人的认知领域之外，如果采取团体决策方式，可能因为众人的认知程度不及构思者，而白白浪费了一个绝佳想法。

第三种：领导者决策

许多时候，意义思考的方向性需要通过提案者的主管决定。当思考者与决策者不相同时，过程中就会存在着沟通说服、个人喜好、专业程度，以及主观判断等问题。意义思考因为带着对于未来的洞察性，因此诠释者的直觉经常是判断的重要因素。

当"意义"的思考质量由位居组织金字塔的上位者所决定时，提案者的说服力与目标对象的判断能力即为重点。在职场沟通的现实中，除了比想法的优劣性，也要比位阶大小。遇到主观意识强烈的领导时，提案者选择以自己的人身安全为优先考虑，而将想法质量列为次之，也是合情合理之事。

不论现实环境如何，提案者都不能忽略自身对于意义思考的努力，因为这是让自己变得更强大的秘诀。或许因为主管的思维高度不足，而选择了一个普通想法，我们也不需要气馁。毕竟，意义思考是一种能够"带着走的能力"，只要有人的地方就存在着沟通，而有沟通的地方，就需要意义思考能力。规划者学习从容地面对外境，掌握每次的提案机会，持续强化自己意义思考的肌耐力，才是最重要的事情。

意义思考并不存在唯一解答。本书各章节所列举的范例解答，也

第6章 意义思考的判断原则

仅供参考而非提供标准答案。而我也深信，如果你持续进行"耐力思考"，一定可以找出比范例更好的诠释。重点是，你是否觉得为想法找出一个好的"意义性"，就是沟通者的价值所在？如果带着这样的洞察上台，你是否能更有自信？而这种自信，来自相信自己的想法，能够对别人有所帮助，而不是自己的口语表达能力有多么棒。

有这样一个管理学的小故事：一群美国汽车产业的高阶主管组团至某日本汽车厂参访，看完整个生产线流程之后，其中一位美国主管提出了疑问："在美国，车子安装完后，都会请工人拿着橡胶槌子敲击车门，以检查确认车门与车体之间的密合度，为什么你们漏了这个动作？日本车厂是在哪个步骤执行这道程序呢？"陪同参访的日本主管听完之后，笑着回答："就在车子设计的时候。"

这个故事与意义思考强调的重点相同，"把事情做在源头"。多想一下再下手，就能让事情一次就做对。与其以后修修补补，不断地进行想法轴转，还不如找个地方让自己先安静下来，花多一点时间思考，之后再下手。

本书至目前为止，谈及的内容适用于任何事情的"前期规划"作业。不论你想创业、开发新产品、撰写企划书、公司内外部提案，以及想要进行更有效率的职场沟通。

下一章内容将聚焦于简报领域，讨论如果表达者能够在一开始就先把意义思考这件事情做好，就能为后续诸多的流程，幻灯片制作、上台前练习、上台后表达等，带来许多意想不到的好处。

重点结论

在这个世界上,大多数的事物都没有标准答案。本章内容学习如何在一个没有标准答案的意义思考中,找出一个较好的答案。关于意义思考的解答,不是在"正确"或"错误"之间做出选择,而是在"好"与"不好"之间做出判断。

本章提出三种意义思考质量的判断法:一、在"理性层面"上,能够避开众所皆知、合乎逻辑,以及大于内容组合的就是好的"意义";二、在"感性层面"上,当好的"意义"出现时,大脑会产生被电击的感觉,当事物的绝佳"意义"被发现时,想法会好到连自己都被吓一跳;三、如果无法确认"意义"是否真的可行,就以较长的时间反复检视,因为时间能让事物的真实价值展现出来。

没有标准答案是一件好事

面对没有标准答案的意义思考,我们不需要感到困惑与气馁。在提升这种能力的过程中,你将逐渐发现,或许没有标准答案是一件好事。因为没有标准答案,所以他人难以仿效。当你拥有这种思考习惯时,每次提案都将深入核心并且与众不同,意义思考这种千年不变的能力，将成为你通用且恒久的职场竞争力。

把打算未来有空才去做的事情，拉到现在就动手。找出生活周边的事物或是手上正在进行的规划案，从今天就开始进行意义思考。不论大小事，你就是自己的第一个观众。从今以后，在没有找到能够打动自己的"意义"之前，绝不轻启后续规划。不要想着有朝一日，或是等到下次项目，现在就开始动脑进行意义思考。

世上没有自然发生的成功，好的意义思考者来自今天的锻炼加上明天的坚持。请试着把意义思考当成一种生存技术，而不仅是一项思维能力，试着把意义思考融入日常生活，并以更多的时间刻意培养它。意义思考的能力无法一蹴而就，你不只需要耐心，更要做好经常思考的心理准备。

练习一下

假设，在某次研讨会活动中，你受邀进行一场以"时间管理"为主题的分享会。对于这个主题，你能提出他人未曾听说过的观点吗？在准备演讲时，你是否打算让观众听到迥异于任何坊间常见的建议与说法？请试者以从本书中学习到的规划方式，针对时间管理进行意义思考。

如果你想成为真正的沟通高手，当开始着手准备一场以"时间管理"为主题的演讲时，重点不在于翻阅相关书籍，或是开启浏览器，搜集一些诸如：GTD（Getting Things Done）、番茄工作法、重要清单管理等时间管理的相关理论；或是解释"Do The Right Thing"与"Do The Thing Right"之间的差异性。别人或多或少听过这些内容，因此算不上有营养。意义思考者是带有骨气的，他们相信："任何想法只要由我操刀，最后结果一定异于常人。"

什么是准备想法最有效的方式？答案就是"脚踏实地"，一步一步地走过每一个流程。一切想法、规划的源头就是意义思考。直接打开浏览器；这样太危险！飞太远！因为，再多的搜集动作最多只能丰富内容，而无法提供演示者的附加价值。沟通必须大于信息组合。所以，你应该先利用意义思考找出这个世界上只专属于你的声音。这种过程比起搜集整理、分类整理，可能会多花上许多力气，但是对于他人的贡献度，与自我思考力提升都会大有帮助。为了明天会更好，规划者应该把这种无形效益列入整体考虑之中。

回到主题，思考"时间管理"的"意义"是什么？在本质性探索的过程中，或许在某个时间点，你会得到：其实并没有所谓的"时间管理"，所有的时间管理，最终都只是"个人管理"的观点。当你发现这个"意义"后，再以"个人管理"作为想法主轴。之后，再紧抓着这个思考方向，进行后续内容的规划与资料搜集。

这样，你提供给台下听众的内容，是不是更有价值性、独特性与组织性？在这个世界上，你已经提出了只有你能赋予这件事的观念。因此，你再也不必担心别人是不是已经听过类似的内容。当你完成了意义思考，你就完全展现出一个演讲者站在台上的价值性。关于这点，我们将在下一章的内容中，做更有深度的说明。

第7章
意义思考对简报技巧的影响

● 意义思考除了对前期构思有所帮助,对接下来的上台表达、简报制作、口语练习,以及异议处理等流程,都能提供莫大帮助。

确认是否做好简报前的作业

一个人站在台上需要哪些技巧？如果仔细盘点，至少超过一百种。诸如：如何开场与结尾、如何面对观众不紧张、如何进行眼神接触、怎么穿着才能更显专业、怎么表达才有说服力、简报制作与图表数据设计，乃至麦克风怎么拿、应该站在投影幕的左侧还是右侧等各式各样相关的简报技巧，真是族繁不及备载。

简报技巧有上百个，但是学习时间有限、生命长度有限。许多技巧的确具有实用性，能协助演示者达成更卓越的沟通。但是，也有不少技巧来自专家们的过度解读，他们手拿着放大镜，观察简报大师在台上的一举一动，把不重要的观点讲得跟真的一样。例如：演示者应该站在投影幕的左侧还是右侧？其实，如果你真的讲得够精彩绝伦，站在中间也无妨（有兴趣的读者，可参阅TED汉斯·罗斯林（Hans Rosling）的演讲，用前所未有的方法诠释数字统计）。

如何才不会被无数的简报技巧所诱惑？答案就在于掌握重点。有太多简报方面的书籍强调这些大大小小的技巧，而我只想谈论一件事：意义思考。花哨的技法不必太多，真正的功夫，一拳就够。如果你懂得利用意义思考产生的"一句话力量"，在任何沟通之中，你就是《一拳超人》中的埼玉老师，One Punch Man！

做好意义思考，就解决了很多问题

意义思考除了是一切前期规划的"第零个步骤"（Step 0），这种思考方式也跟简报制作、上台练习、口语表达，乃至问题回答，都有着高度的关联性。也可以说，意义思考不仅是所有规划流程的起点，更是通往成功沟通之路的秘籍。意义思考对于简报全流程的能力提升，都能提供十分明显的效益。

思考事情的"意义"需要花费许多时间，但是因为没想清楚，导致后续重新启动所造成的时间浪费更多；把意义思考做好之后，很多简报过程中的准备都能连带做好，在这些双重效益的加总之下，选择把时间花在源头，仍然是一种精打细算的做法。

意义思考对于简报技巧的全方位好处

意义思考对于简报技巧有着全方位的好处，它的影响广阔无边，遍及一切。这种思考方式能在精炼想法的过程中，协助规划者进行自我厘清，表达时也能够帮助他人理解。意义思考能提供简报技巧全方位的帮助。

在准备简报阶段，当你开始思考"意义"这个问题时，会企图将一切事情融合成一个主要概念，在这个收纳整体想法的过程中，你已经开始思考后续简报的一切内容，因为意义思考就是一种全面性的思维能力。

本章内容的重点，不在于讨论上台时，演示者应该具备怎么样的表达技巧，而是探讨意义思考与众多简报技巧之间的关联性。目的是让读者体会到：意义思考不仅与简报的规划技巧有关，而且还远远大于简报技巧。

当我们探讨意义思考所带来诸多好处的同时，也应该反向过来思考，如果缺少了意义思考这个主体，就可能会带来全面性的灾难。一条珍珠项链如果少了中间那条线，你所损失的将不只是线，而是整串的珍珠。

想要快速提升简报力吗？你需要的不是多个局部改善技巧，或是大量的单点突破。现在，你有机会在全新的层次上，一次性实现全方位能力提升。前面种树，后面才能乘凉。多在源头处下功夫，当演示者愿意把更多努力放在意义思考上时，就能在之后的每个沟通环节中无限收割！

意义思考让你扮演好演示者的角色

思考一下,你为什么会出现在台上?这个答案,并不是因为主管要求你上台做报告,所以你才出现在台上,而是去回答演示者的"终极价值"是什么。

对于任何组织而言,开会一直是机会成本极高的活动。人们究竟是为了什么才暂停手边工作,花费许多时间与金钱,聚集在同一个空间之中?很明显,人们聚在一起不是为了共同观看投影仪的大屏幕或是集体阅读报告。

简单来说,演示者上台的目的就在于"为民服务",通过妥善的事前规划,为事物赋予一个好的"意义",并且创造出价值性。我们希望演示者在一个沟通附加价值的金字塔中,创造出"观点"与"洞察",如图7-1所示。

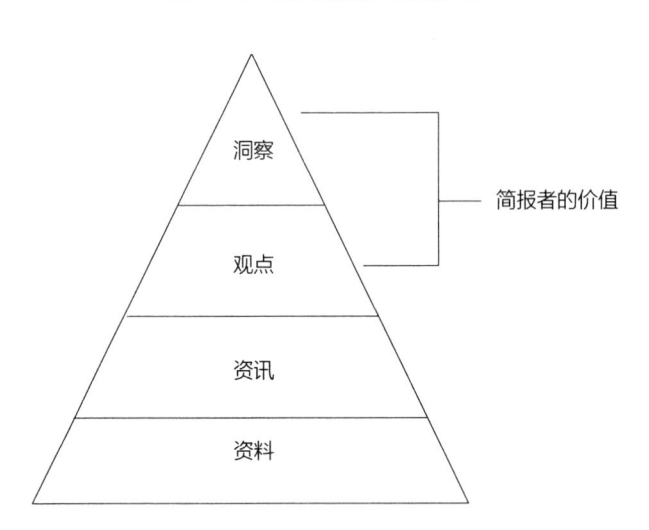

图 7-1 沟通附加价值金字塔

```
        /\
       /  \
      /洞察 \ ─┐
     /------\  │
    /  观点  \ ├─ 简报者的价值
   /----------\ ┘
  /    资讯    \
 /--------------\
/      资料      \
------------------
```

简报不只是说明一件事情的来龙去脉，更不只是进行单纯的数据整理，这些作业都只是表面处理。演示者的价值来自表述自己的思想体系与创造洞察，你要去寻找、去发现某个东西，再带着一种启示，告诉他人你的省思结果。

上台的唯一重点，要展现出一个想法该有的样子

上台，不只是将自我展现在他人面前，这些只是你在别人眼中看起来的样子。上台，不只是说话，这些只是话语在空气中所产生的震动声波。"内在价值"优于"外在表现"。上台的唯一重点，就是要展现出

一个想法该有的样子。如果无法做到这点,即使舞台再大,你依旧是个边缘人。

每份简报都应该有独特观点,可是太多的演示者活似个幽灵,先淡淡地上台,再轻飘飘地结束,让大家不确定你是否真的曾出现在台上。云淡风轻、缺乏洞察的口语内容,不仅浪费观众时间也无法创造出注意力。因为,耳熟能详的内容将导致听而不觉!低度存在感的简报内容,说了等于没说。

人们的耳朵是真正的自动开关,太多的已知会令台下观众关闭开关。意义思考者会试图在每次的简报中,告诉听众一些他们所不知道的事情,而且最好告诉别人只有他自己所发现的事情。

意义思考让简报更容易被理解

不论你的简报内容是难是易，是属于商业领域还是技术层面，别人能够听懂你的想法吗？如果别人听不懂，你觉得是对方的理解能力不好，还是自己的沟通出了问题？简报力觉醒的那一刻，就是从错怪别人解读失败到觉得自己应该有能力可以讲得更清楚开始的。

在简报的世界里，没有复杂的内容，只有整理不清楚的想法。一个擅长沟通的表达者，每次上台前，都应该想象在简报标题前面加上"一次听懂"四个字。所以，你的简报标题其实并不是《2021年A部门营销策略提案》，而是《一次听懂：2021年A部门营销策略提案》。

你的简报内容要达到让人觉得"不可思议"的沟通境界。如何让人能够一次听懂，带领观众穿越彼此大脑间的平行时空？关键在于演示者必须清楚回答别人对于你想法的疑问。意义思考是增加观众理解力的基石，一点通一切通。意义思考在表达想法的过程中，扮演着"一句入魂"的功用，只要沟通者讲完这句话，接下来所有的内容也都一目了然了。

第7章 意义思考对简报技巧的影响

为什么别人听不懂你的想法，主要有以下两个原因：一、缺乏相关的背景知识；二、想法之间缺乏关联性。任何沟通皆是以"意义"为中心点，背景说明的目的是导出"意义"，所有后续内容都围绕"意义"展开，它在整个简报过程中，就是代表着"承先启后"。如何想让别人听懂你的想法？简单来说，就要将所有细节导入概念，完成在一念之间！一个有效的沟通，你必须把所有的片断都关联起来！

在第二章中，我建议读者将一个有效率的沟通，视为"填满"而非"推进"的过程，即是利用意义思考先给予观众背景介绍。试着把意义思考想象成一个大篮子，先让别人理解大致上的状况后，再逐步装入一些东西，而不是讲到哪里，才让他人理解到哪里。

想法缺乏关联性的原因，主要是"拼凑罗列"与"标题展开"的过程没做好，如果演示者能够利用意义思考，确立想法之间的整体、垂直、水平等三种逻辑性关系，就能彻底解决想法之间的"断念"问题。如此一来，不论你在台上待多久，你的简报内容都会从很多很多的句子，变成了一句很长的话。

意义思考强调演示者要让"理解"走在"说明"之前。最好在沟通一开始，就让他人进入状态。一个有效的沟通，关键是能让整体概念在最短时间内"原形毕露"，而非采取多数人的做法，最后一刻才将谜底揭晓。意义思考符合金字塔原理：重点先说、细节次之，而非"起承转合"的沟通模式，在"压哨"之前才说出结论。

意义思考有助于人际沟通

让主管一目了然

觉得主管难以沟通吗?你是不是觉得他似乎无法掌握状况,而且老是误解重点?每次下台之后,你是不是总跟其他同事抱怨:"为什么其他人都听懂了,就只有他听不懂?"当然主管有可能罹患了早发性认知失调症,但是概率应该不大。站在意义思考者的角度,并不是主管听不懂,更可能是因为你把他给搞懵了。

许多时候,并不是主管听不懂你的想法,而是你们在不同的层次上进行沟通。演示者可能说明了无数细节,而主管却不知道你想表达的重点在哪里。在大多数的情况中,主管采取"巨观思维"看事情,他们通常着重于沟通的"意义层",希望能听到一些特殊观点以辅助决策进行。而下属通常采取"微观视角",他们着重于"信息层",重点在于说明数字、业绩、执行进度，以及自己在过程中所付出的努力。

如果月亮代表我的心，那"意义"就代表我的想法。对主管简报时，请试着以简单的方式解释复杂的现象。利用意义思考能力，确保自己能展现出信息背后的"意义性"，而非说明无尽的枝节小事，才能确保自己与主管之间，皆能处在相同的同温层中。

让提案策略更清晰明了

演示者除了内部沟通之外，对外也经常需要争取业务、赢得标案。简报力就是企业的竞争力。一个能够进行独立意义思考的演示者，虽然未必能够百战百胜，但是一定能大幅提高胜出概率。

因为，大多数的提案者与未阅读过本书的读者一样，在思考上都是怠惰的，他们不愿意花时间进行"本质性思考"，而且根本不知道意义思考的重要性。你所面临的百分之九十五的竞争对手，最多只擅长于依照提案书的制式需求去填写内容（停留在依"标题展开"的层次），而这只是任何沟通的最低限度要求。简报不是你填写内容完毕后，就会自动产生说服力的。

无法附加任何元素才是完美

大部分的沟通者、你的竞争对手，活在"加法"而非"减法"的世界中，他们认为只要特色、重点讲得够多，就能多增加一些命中目标对象需求的概率。他们至今，仍然无法理解《小王子》作者圣-埃克苏佩里说的"完整并不是完美，能够做到无法再附加任何元素才是完美"所代表的真实意涵。

很多公司都认为自家产品才是真正的高富帅，其他竞争对手都是"武大郎"。所以，他们说明内容时只从自己的视角出发，对客户进行填鸭式的简报。换言之，人们最常使用的两个提案策略就是：第一种，不断地强调特点加上自我感觉良好；第二种，什么都想讲，企图通杀一切。以上两种沟通内容的总和，其实不是通杀，而是自杀！

只是不断地强调自家产品所拥有的众多特点，当然也有机会说服他人，这种提案方式需要建立在两个基础之上：第一，目标对象拥有足够的时间与耐性，或是对于你的产品拥有高度兴趣；第二，你的产品与竞争对手之间具有足够的差异性，在技术上拥有大幅度的领先优势。

在竞争场合中，能够拥有上述两个梦幻条件的提案机会其实不太多。商业不是慈善，在时限压力与差异性不大的情形下表达想法，会是多数演示者所面临的共通情境。这时候，意义思考可以如何协助提案者胜出呢？

在沟通时限方面，意义思考采取"趋近"而非"建构"的沟通模式，所以能让对方在最短时间内掌握住想法的大致轮廓，这种特性尤其适合对于时间高度敏感的决策者。而在展现出想法的差异性方面，如果开发人员具有意义思考能力，在构思想法阶段，就能从想法底层进行彻底创新，而非只在功能性上进行局部强化。即使在开发阶段无法进行差异化，表达者依然能够利用意义思考，向内挖掘出产品的真实内涵。

意义思考有助于口语表达

在职场沟通场合中，你曾经看过这种类型的演示者吗？他们的口才很好，在台上讲得头头是道，而台下观众却完全听不懂他们想表达什么。他们只是在一堆缺乏连贯性的内容之间进行快速秒跳。简报技巧不是以流畅口语去表达断裂想法。

沟通主要就是处理"见树"与"见林"的问题；一种能够同时让他人掌握大方向与小细节的智慧。在"见树"与"见林"的问题中，通常"见树"的问题较小，而"见林"才是主要的问题所在。对于大多数的演示者而言，永远不缺的是资料细节，主要缺乏的是"主轴"与"中心思想"。

见树不见林是我在企业教授无数场"逻辑性简报建构课程"中，最常看到的问题。更精确地说，这种简报应该算不上是简报，对于观众而言，这种简报应该算是"怨念"的总动员。

我担任简报企管讲师十余年，所执行过的企业内训超过两千场次。其中，大多数的课程重点放在引导学员如何进行更有效率的前期构思，如何才能发展出更有效的提案策略，以及如何进行意义思考；只将少数重点放在口语表达。

重思考而非表达的轴心

为什么我总是将简报课程重点放在"思考"而非"表达"？因为长期以来，我对于简报技巧所坚持的信念，一直都是"再流畅的口语，永远比不上脑袋里的智慧"。简报靠的不是高颜值，而是高价值。简报，不是嘴巴与肢体的活动，而是大脑的运作。上台，并不是许多沟通专家们强调的说话方式，更不是展现自我。简报其实很单纯，就是要告诉别人一些重要的事情。

有太多的简报教学技巧都强调如何提升你在别人眼中的表现。如果你志在成为一名专业演说者，琢磨这些技巧可以帮助你登峰造极，达到另外一种层次。而我却选择相信：在掌握演示者价值的优先级中，只要你的想法构思达到八十分，即使表达技巧零分，你依然是一个称职的演示者。

演示者请暂时先放下上台时的身段问题，让演示者的价值优先。有效表达是留给有心、有思想准备的人！不然，即使你的外在表现再出众，也刷不出上台时候的存在感。

我相信食物远比色香味更重要的就是营养，毕竟人们是为了吃东西，才去加调味料，而不是为了吃调味料，才去吃东西。站在讲台上的目的，不是为了证明自己有多么强大，而是让自己发心帮助他人，让他们更清楚地认清这个世界。

所以，严格来说，幻灯片制作与口语表达都算不上是真正的简报技巧，而是能让简报力变得更好的技巧。其实，只有正确的构思能力，才算得上是真正的简报技巧。一个成功的演示者知道，他所提供的真知灼见，永远大于口齿伶俐。重点不是让自己在台上显得光芒万丈，而是能够说出经过大脑精心思考过后的话语。

思考比口语表达与外在表现更加有力量。一流演示者打从心里笃信以下两个公式：

> 公式1　思考＞技术＞技巧
> 公式2　思考＋思考＞思考＋技巧＞思考＋外在表现

意义思考强调前期思考主宰一切命运，强大思维胜过一切外在表现。因为，成功简报唯一可能发生的地方，就是在个人的大脑里，而不在幻灯片或是口语表达之中。幕后决定台前、黑暗决定光明；思考＋思考，恒大于思考＋外在表现！

你看过同事打电话时，会自然流露出肢体动作与声音表情吗？站在意义思考的角度，很多技巧不必刻意去练。奇怪的是，当你全然知道自己在讲些什么的时候，很多外在的表达技巧不需刻意练习，便能自然地真情流露。

意义思考有助于演示者养成自信

简报力对于职场人而言，并不仅是口语表达能力，也关系着自信心与形象。许多人为什么不喜欢上台，因为这是人类少数活动中，会让大众同时公开评价自己的机会，而许多的评价将深深地牵动着你的内心。

回想你上次聆听简报时，内心如何评价其他演示者？答案经常是："这个人脑袋不清楚""他知道自己在讲什么吗""根本抓不到重点""讲话没有逻辑"……上述每一种评价都不仅是意见回馈，更关系到人格层面。因此，简报能力不好的人，通常不太容易有自信。

增加自信的重要元素

表达力一直是构成自信的重要组成元素。自信可分为"专业自信"与"表达自信"，两者之间无法互相取代。即使你非常专业，上台时的表达却零零落落、毫无章法，而这部分的自信缺失，永远无法以强大的专业知识来弥补。对于有难言之隐的专业人士而言，这部分的自信心缺口将始终都在。

专业人士如何才能有效建立起自己的表达自信？小至上台时不紧张，大到从容应对整个简报流程，对上台如何舒缓紧张情绪，靠的并不是自我鼓励或是把台下观众想象成大西瓜，让这些说法就成为乡野传说吧！如何才能让自己站在台上时，内心变得更强大？

首先，我们必须理解，真正的自信不是来自上台时，能够沉着、稳健地面对观众侃侃而谈。一切都要向内发现，真正的自信来自"能预期观众反应的平均值"。也就是说，不论任何主题，小到读书心得分享，大到公司年度策略提案。在开始准备动作之前，虽然一点想法都没有，但是你相信只要是交到自己手上的简报任务，观众反应就不可能太差，即使无法场场击出全垒打，至少也能安全上垒，这就是真正的自信。

如何从意义思考的角度，提升演示者的表达自信呢？只要相信自己能够言之有物，就能带来信心。请试着把简报力想象成一种由内而外的能力提升过程，当你掌握到意义思考的重要性，并且能够创造出独特的观点时，你的面部表情、肢体动作，也将因为这股自信而自行显露。毕竟，简报力自始至终都是脑袋的操作，而嘴巴只是辅助我们表达出脑内思考活动的传达工具。

关于口语表达，你可以学到很多肢体语言、表情控制等相关技巧。但是，你要如何让自己站在台上时，眼神能够炯炯发亮呢？自信不是由外附加的，自信是一种内在动力。当你掌握"意义"、发现秘密，以及明明白白地知道自己在讲些什么的时候，眼神就会闪耀出光芒。

我建议读者从想法最底层的意义思考处提升简报力。以最具有洞察力的观点，让台下观众忘记身处的时间及空间，甚至忘了想上厕所的生理需求。以最具有突破性的想法，让台下观众忘记关注你的外在表现。至于那些口语表达中偶尔会出现的一些小失误，能改的就改，不能改的，就成为你的个人特色！

意义思考有助于应对他人的提问与异议

演示者说明完内容之后,接下来的问答时间可能面临两种问题:可预期性的问题和不可预期性的问题。如何利用意义思考能力,让演示者顺利完成沟通任务中的最后一里?

回答问题最重要的技巧不是快问快答的回话术,而是事先想过。在第一种情形中,如果台下听众所提出的问题,落在自己的知识范围之内,或是演示者上台前,积极模拟各种情境或是本身擅长于考前猜题,那么回答问题时就能达到瞬间反应,给出一个令人信服的答案。

但是,如果演示者遇到第二种不可预期的问题呢?大多数简报专家给你的建议是:"先不要急着回答""先跟对方再厘清一次问题,顺便为自己争取更多的反应时间""对于不知道的问题不要硬掰,先请对方留下联络方式,事后再提供补充说明"。只是,遇到这些无法立即反应的问题时,上述解决方式并非最佳做法。简报进行异议处理时,请以直球对决优先,谢谢再联络放在次之。

演示者如何才能避免面临质询时,显得不堪一击呢?答案就是利用意义思考能力，建立起全方位的问答防护网。它能让你对于事情的理解，从知道很多的单点到全面性融通。这种思考方式可以从以下三种面向，改善演示者的异议处理能力。

改善回复问题的三种方法

第一种：不论遇到自己知不知道的问题，以单点方式准备考前猜题，都会面临一定程度的风险。最佳的处理方式，就是让自己的想法形成一个完整的知识体系。也就是说，在你的脑内拥有一个回答问题的全面性网络，而非只是众多且零散的片断知识。这样一来，不论问题是从哪个面向切入，都能提高自己的回复率与深度性。

初阶演示者，习惯采取单点准备的方式预测问题。中阶演示者，能以面向方式回答部分问题。而意义思考对于问题理解并不是单点或是面向，而是一个完整的知识体系。因为规划者在寻找"意义"的初期阶段中，已经把所有的细节仔细盘点过一遍。因此，意义思考在异议处理中所提供的解决方式，并不是一种平面圆形的理解，而是一种立体球形的三百六十度全方位理解。

第二种：异议处理最麻烦的地方，在于一个问题可能会衍生出很多问题。此时，如果让沟通聚焦在单一小细节上，你的沟通很有可能会变成没完没了。一种不问究竟的回答方式会产生反作用力。因此，遇到这种状况时，并不是针对单一提问进行问题回复，而是需要明确地指出想法的"意义性"。提供居高临下的观点，是一次性解决后续纷争的最有效做法。

第三种：有些提问者，会询问与主题之间不相关的问题。此时，如果太认真你就输了。意义思考就是在事前先划分沟通界限，如果问题超出了范围之外，演示者其实不需要多做解释，只要提醒提问者本次想法的"意义"何在，就能以拉回轴线的方式处理无效异议，同时也能让自己与目标对象维持在正确的轨道上进行后续沟通。

意义思考有助于提升说故事的能力

很多人一提到简报技巧，就习惯将之与说故事画上等号。在许多人的观念中，好的演示者擅长于说故事，这是成功演示者的必备条件。只是，大家口中所谓的"故事"，指的到底是什么？如果从意义思考的角度，如何去解释说服力这个经常出现的概念？

在许多人的观念中，说故事就是：开场时设定谜题，中间过程铺陈想法，最后下台前再揭晓答案。也有些人认为，"故事"就是在简报过程中，多穿插一点笑话、案例、比喻，或是自己所遇见独特的人事物等。这些内容，可以当成简报过程中的些许点缀，去延伸别人对于聆听你想法时的耐性。但是，这些就是所谓的"故事"吗？

近年来因为TED论坛很火，这些演讲者的论述方法，也成为提升简报技巧的显学。许多沟通专家开始针对引起热烈回响的演示者的技巧进行解析，诸如：运用实体道具、呼吁世人一起加入改变世界的行列、与现场观众进行互动、说明一些个人小故事、人生的转折点……这些建议，在大众演说的场合中适用，但是，真的能够运用在你日常的报告中吗？

TED最重要的简报技巧

任何一种显学或潮流，可能都是容易让人产生分心元素的陷阱。人们经常为了追求光鲜亮丽的事物，而忽略了原始所设定的目的。当这些简报大师，急于拆解优秀TED演讲者的演说技巧时，却没有人探讨在演说开始前，传递这个机构成立宗旨的十秒钟片头："散播值得分享的好点子"（Ideas Worth Spreading）。

相较于意义思考的全面性，你所听过的无数简报观念、法则、技巧等，在它的面前都只能算是渺小，甚至可以完全忽略不计。如果演示者想从TED中学习表达技巧，什么才是大家最应该的学习之处？答案就是这个机构所追求的宗旨精神，这才是一切简报的源头。这个观点，也呼应了本章内容一开始时，强调演示者上台的目的是什么。一切聚焦源头，先要有"值得分享的好点子"，才有后续的简报技巧。

简报技巧中的"说故事能力"是什么？如果从意义思考的观点来看，就是找出"值得分享的好点子"（也就是想法的意义性），而说故事能力，也就是在这个中心思想下，所展现出来的叙述逻辑与思考体系。至于其他沟通专家所提及的多样化简报技巧，则是在这个主要基础之下，让整个沟通变得更趋于完善的优化做法。

演示者在意义思考之下说的是故事，演示者在缺乏意义思考之下说的其实是鬼故事！

意义思考有助于上台前的简报练习

许多沟通大师给予演示者的口语表达建议，不外乎是：练习、练习、再练习，这些态度面的强化技巧，的确可以改善口语流畅性。练习对于口语表达真的很重要。但是，千万不要傻傻地去做。因为，即使你的精神层面再强大，有着《火影忍者》中李洛克般的意志力，也不能弥补内容缺乏价值性的落差。

如果演示者只是一味地勤奋练习，而忽略了意义思考的重要性，是无法成为第一流演示者的。毕竟，把一道口味不佳的菜肴，花时间去熟练它的烹饪技巧是没有任何意义的。因此，我不会跟你说，你要去很辛苦地练习，或是在每个练习步骤中，要去注意哪些大小重点。我只想告诉你一件事情：只要用心去发现一些东西之后，练习就可以变得更轻松容易，同时也能让自己上台时，心中有个地图与指北针。

重点、数字、内容等这些都可以通过练习而熟悉。但是，再多的练习，也无法产生内容之间的连接感。演示者掌握了想法的"意义"之后，练习时就不需要花费大量时间去死记硬背，而上台时，口语表达也不容易磕磕巴巴。这就是"死练"与"活练"之间的差别。

演示者要以"完全融通"去取代"死记硬背"。意义思考能让你的口语表达成为一种自然流动状态。它能让你站在台上时，嘴巴知道自己在讲些什么，而且脑袋同时知道讲到哪个位置。意义思考是上台时，管好自己嘴巴的最佳工具。

简报表达力是一种不需要依赖任何幻灯片，就能够进行内容裸说的能力。以意义思考去记住大纲与一切内容，再搭配上台前的分段复习，就能让所有的句子成为一个整体。流畅的口语不是去练习嘴巴的直觉反射，而是要以凝聚去取代记忆。这样上台时才能真正拥有脑内想法的现场重建能力。

意义思考有助于呈现简报的完整性

在你过往准备简报的经验中，花在前期构思与幻灯片制作的时间分配比例如何？还是将两种作业采取平行处理；一边构思内容、一边制作幻灯片？对于许多表达者而言，简报就是在PPT中装进一些分量还不错的信息，再调整几次，最后插入页码，整份简报就算大功告成了。

演示者必须留意的是，即使你的内容都是零碎片断，简报软件还是能给你一个完整事物的假象。我们必须认清一个事实：并不是在PPT中装满了各式各样的信息，就代表我们经过了缜密思考。

除了让规划归规划、制作归制作，演示者也别让自己沦为专业美工，成为数据的美化者。再精致的包装，也解决不了内容缺乏组织性的乱象。如果演示者企图以化妆术的方式去掩盖贫瘠的想法，最终，你的幻灯片所展现出来的漂亮，也只是一种令人感觉到讨厌的漂亮。

技术是用来服务想法，而不是让技术本身成为主角。如果只是追求一堆姿色漂亮的影像，最后就会沦为以"法式餐盘去装泡面"的窘境。做报告如同做料理，只要食材本身够好，就只需要加入最少量的调味料。

不论漂亮的幻灯片或是流畅的口语,这些都不是我们所追求的重点。把时间花在正确的方向上,让一切重点回归到演示者的上台目的"提供他人整理过后的信息,并且创造出附加价值"。

意义思考与简报制作的关系,主要在于规划与制作之间的时间分配比例。但是,在众多幻灯片之中,有一张内容与意义思考直接相关,它是意义思考的可视化呈现,也可称之为"关键幻灯片"(Killer Slide)。这张幻灯片,也就是第五章内容中,说明意义思考九大思维公式时,所提及的代表性视觉图形。

"一页式简报"精神的严重误解

近年来,有许多科技公司流行"一页式简报法",目的是希望以一张幻灯片的空间作为限制条件,借以让演示者厘清真正关键的少数重点在哪里,以增加彼此间的沟通效率。虽然"一页式简报"的立意良好,但是多数人却严重误解了其中的奥义。

多数演示者以错误的方式制作"一页式简报"。他们以缩小幻灯片尺寸方式,把原本需要用到五至七张简报,才能够说明清楚的内容,硬是挤进一张幻灯片的空间之中。采取这种做法,对于节能、减碳、爱地球其实没有多大帮助。这种制作思维,只是让别人用更看不清楚内容的方式来陈述想法,这种简报呈现让人不忍直视。

仔细思考,其实采取一张幻灯片置入多张缩图的做法,与原来使用多张幻灯片的方式,两者所花费的沟通时间是一样的。只是前者更看不清楚而已。重点是，一张幻灯片需要多少钱？如果这就是所谓的"一页式简报"精神，还不如直接限制使用幻灯片总页数，或是采取严格控管简报时间的做法。这样，至少对于拥有决策权以及老花眼的高阶主管还算友善一点。

抓出关键幻灯片

真正的"一页式简报"精神，不是把多张幻灯片挤进一个狭小空间，而是以一张最重要的幻灯片，去代表大多数的想法。这张最重要的幻灯片，也可称之为"关键幻灯片"。最重要的就应该最明显，这张幻灯片的主要功能，就是把演示者从脑海中挖掘出来的"意义"，转换为肉眼可见的形式。

因此，"一页式简报法"所要发挥的功能并不是节省空间，而是要发挥"以小见大"的精神，给予最重要概念一个清楚的位置。"关键幻灯片"是什么？它是整份简报内容中，绝对不能被跳过的一张幻灯片。

意义思考建议演示者从两种角度使用"一页式简报"。第一种：掌握重点方式，整份简报只使用一张"关键幻灯片"说明即可，其余幻灯片一概删除。第二种：缩图模式，如果演示者真的觉得内容太少，希望增加一些内容，则可以在正中央处置入"关键幻灯片"，再依此"意义"发展出第二阶内容，而不是采取彼此之间，独立存在的呈现方式。

意义思考有助于信息的二手传播

不是所有的简报说服过程都能在下台前完成。在许多简报场合中，沟通的时间点与决策点之间会存在着落差。面临这种情形，除了让聆听者现场听懂之外，也要让想法能够进入他们的长期记忆，才能确保想法具有明天过后的还原能力。

听懂，也要能被打包带走

许多关于沟通的研究显示，演示者下台后，能够被正确回忆出来的内容不到百分之二十。也就是说，观众其实记不太住你曾说过的话语。他们经常在你下台之后，转身就把内容忘得一干二净。或许他们有金鱼脑的问题，但是反求诸己，表达者该怎么做，才能让自己的简报内容，具有被完整打包带走的能力？

为什么简报想法必须具备进入他人长期记忆的能力？除了面临重大

决策时，目标对象需要更多的考虑时间之外，在许多沟通场合，演示者所面临的沟通对象可能只是暂时性的窗口；而非拥有最后决定权的高阶主管。当他听完你的说明后，所得到的反应经常是：你的提案很棒，但是还需要经过内部讨论，以及说服上司同意的沟通程序。

在许多提案场合，你需要他人替你执行代位沟通。在这种情形下，对方才是真正的提案人。此时，即使你的口才再好、提案内容再精彩，但是如果想法不具有被完整转述的能力，你依然无法达到说服目的。在间接式的说服过程中，利用意义思考的"异地备存"能力，可以让他人成为你提案时的好帮手。

意义思考是一种让他人在短时间内，能够掌握整体想法的能力。它利用找出所有内容"最大公约数"的做法，帮助简报产生一个集体记忆，这样才能在你离开后，想法依然完整地保留在原地、如如不动。要请他人协助沟通之前，也请先协助他们做好沟通。

演示者学习意义思考的众多好处之一，就是让你的简报内容具有"无损还原"的能力。如果你能找出一个好的"意义"，并串联起所有重点，那下台的那一刻起，未必就是想法传递的终点。你的简报可以拥有自己的生命力，在后续的其他场合中，持续地将想法散播出去。

第7章 意义思考对简报技巧的影响

重点结论

本章内容有两个重点：重点一，说明意义思考与简报之间，全方位的关联性，说明如何利用这种思维模式，让演示者登上表达能力的新巅峰。重点二，借此内容说明，进行第一章至第六章的重点复习。

一颗种子能够拥有多大力量？答案是无限大。当我们追根溯源，进行意义思考时，就是思考如何去整理一切内容，并将之形成一颗种子。如此，在这颗种子之中，即潜藏了发展后续一切事物的可能性。演示者花时间进行意义思考，除了对于前期构思有所帮助，对于接下来的上台表达、简报制作、口语练习，以及异议处理等流程，都能提供莫大帮助。

麦克风怎么拿？演示者应该站在投影幕的左侧还是右侧？太多的简报技巧，相较于意义思考，都只能算是小把戏，甚至可以直接无视。也有太多的简报技巧，只是追求自己在别人眼中看起来的样子，这些增加自我迷恋的做法，也不是本书所要强调的重点。毕竟，我们讨论的是讲台上的问题，而非T台的！

简报力的成长关键，在于你从在乎别人眼中看起来的样子，到省思能够提供给别人什么价值。演示者的能力差别，并不是台上的明显技巧，而是台下的隐形心法。所以意义思考者相信：只要一个人台下厉害，台上就厉害，简报的胜败，其实在上台之前就已经决定。

所以，意义思考与简报技巧的关联性是什么？就是当你的思考质量改变了，你的口语质量就会跟着改变，当你的口语质量改变了，你的肢体动作就会随之而来。最后，你的眼神就会自然流露着自信。演示者们，你可以利用无数方法，来增进自己的外在表达技巧。但是，你要如何才能学习到，上台时眼神闪耀着那份自信的光芒呢？

在工作中，我们依靠双手完成事情，但是却必须依靠嘴巴来呈现。唯有当你站在台上，将工作成果清楚地表达出来，你才算是真正完成了工作。

本书不以极大化的简报技巧作为切入点，读者可以从市面上，众多沟通类的书籍中，挑选一本进行延伸学习。而我选择本书的下手方向，是找出前期规划中最重要的"一件事"，并让读者理解意义思考这件事的重要性，远远超过"一句话"的能力。这种观点，是本书与坊间众多阐述上台技巧的书籍之间最主要的差异性。

中国人常说："一命、二运、三风水、四积阴德、五读书。"上述这些做法有些关于宿命，有些关于努力。而我至今所找到能够改变命运的方式，就是培养自我的意义思考能力。

因为，我深信："如果能从想法的源头处进行改变，接下来的一切，都会开始变得有所不同；而这种具有深度性的与众不同，能带给你更美好的未来。"

后记

古人学问无遗力，少壮工夫老始成。
纸上得来终觉浅，绝知此事要躬行。
　　　　　　——《冬夜读书示子聿》〔宋代〕陆游

感谢各位朋友耐心看完本书。很开心能在广大浩瀚的宇宙中，与你在时空中，心灵共同交集了几个小时，这代表我们上辈子有缘，或是下辈子即将有缘。

看完本书，如果你想明天就来个华丽转身，立马成为乔布斯，或是成为一位拥有绝世利器的意义思考高手，那么，请记得将本书拿去资源回收，并做好资源分类。这样或许还能为节能、减碳、爱地球，克尽一己之力。

"盲目者易进、盲目者易出"。不论任何学习，真正的有心人向来只是少数，更多人只是路过或是凑热闹。别让自己成为旁观者，因为卓越成长永远只保留给愿意尝试的人。从古至今，只做例行性事务的人不可能进步，因为他们就只是不断重复，而重复只能带来熟练而非成长。

成长，代表着行动，代表着你需要离开目前的舒适圈。成长，就是

意义思考的力量

从不舒适开始！

任何事情，做到才算是真的知道。不要从书本上学习意义思考，而是从体会与行动中去培养这种能力！请大步跨越从"知道"到"行道"之间的鸿沟。期盼各位读者从书本上理解的不仅是知识，而是通过反复行动、体验与练习，逐渐让这种思维成为大脑思考中的一部分。

衷心期盼各位读者能在多年之后忘记本书内容。这种遗忘不是无法回忆，而是已经内化为你构思任何想法的标准程序。努力让自己忘记意义思考吧！终极目标是将之融入自己的思考体系，最后达到不假作意的思维境界。

如同阅读一本游记，作者所能分享的，仅是自己旅途中所见所闻的风景与历程，却无法代替你上路。毕竟，去想去做、去做去想，才是你能够一窥意义思考真谛的唯一方法。而我也相信，能迈开步伐、踏上这段旅途的读者所发现的奥秘与乐趣，一定远胜于阅读书本。

《海贼王》中的罗杰曾说："想要我的财宝吗？想要的话可以全部给你，去找吧！我把所有的财宝都放在那里了。"在意义思考大海的某处里，也有着这种无尽藏，等待你来发掘！它就是能将所有细节变成One Piece的意义思考能力。

我相信，明天太阳升起时，你的意义思考能力将依然不变，但是也会开始变得有些不同。如果你希望在多年之后，拥有乔布斯般的意义思考能力，甚至把它当成一辈子的追寻，那就请将这本书置于明显之处，并且不定时地浏览复习。

阅读是一时的，意义思考是一辈子的。如果运用本书观念能帮助你在短期之内获致成功，先跟你说声恭喜。如果效果不如预期，甚至导致失败，也别急着气馁。因为锻炼意义思考能力的重点不是成功，而是失

后记

败了能否继续。你要有战士般卷土重来的坚持，以及屡败屡战的勇气。

在这个过程中，不论你走得或快或慢都无所谓。最重要的是朝正确的方向继续走下去。想练就意义思考能力，持续力将是你学习历程中的最大阻碍。

最后，如果你在百忙之中，还能抽出一段宝贵时光，欢迎你邀约演讲或是参加意义思考实务演练工作坊，相信能让你对于这种思考模式，拥有更深入的直击体会。

谨以此书献给林兰珍女士、珊妮、芮恩，并特别感谢意义思考启蒙导师：创意总监罗杰（Roger）。《黄帝内经·至真要大论》提到：知其要者，一言而终，不知其要，流散无穷。

期待我们台上台下见！